主 办 南京大学国土资源与旅游学系
中国人民大学土地管理系

协 办 中国土地学会土地经济分会
江西农业大学农村土地资源利用与保护研究中心

12

土地经济研究

Journal of Land Economics

主 编 黄贤金 严金明

南京大学出版社

土地经济研究

12

主　办　南京大学国土资源与旅游学系
中国人民大学土地管理系

协　办　中国土地学会土地经济分会
江西农业大学农村土地资源利用与保护研究中心

《土地经济研究》编辑部
通讯地址：南京市仙林大道163号（邮编 210023）
南京大学国土资源与旅游学系
E-mail：jle2014@sina.com
网址：http://hugeo.nju.edu.cn/jle/

《土地经济研究》征稿简则

《土地经济研究》(半年刊,英文名 Journal of Land Economics)由南京大学国土资源与旅游学系、中国人民大学土地管理系共同主办,南京大学出版社出版。本刊积极倡导“推进理论创新、服务实践问题、引导国际合作、促进人才培养”,主要刊登土地经济及相关交叉学科领域的高水平学术研究成果,旨在通过凝聚土地经济研究智慧,推进土地经济学科研究与发展。本刊也鼓励具有长期研究积累、实践指导意义强的研究论文。欢迎广大专家学者投稿!

一、投稿要求和体例

本刊投稿以中文为主(海外学者亦可用英文投稿),且必须是未发表的稿件。投稿论文须符合论文发表的基本格式要求,包括中英文摘要、关键词、基金项目、作者简介、参考文献等。文章中若有图片,为方便出版印刷,请提供 500 kB 以上单独的图片格式文件,如 jpg 等。中英文摘要不宜过长,各以两三百字为宜。作者简介示例如下:

张三(1980—　),男,江苏南京人,管理学博士。主要研究方向为农村土地政策。E-mail:zhangsan@abc.com。

二、参考文献规范

参考文献列在正文之后,格式示例如下:

[1] GIBSON W L, HILDRETH R G, WUNDERLICH G. Methods for Land Economics Research [M]. Books on Demand, 1966.

[2] EGERT B, MIHALJEK D. Determinants of House Prices

in Central and Eastern Europe [J]. Comparative Economic Studies, 2007, 49: 367 - 388.

[3] 蒋有绪,郭泉水,马娟,等. 中国森林群落分类及其群落学特征 [M]. 北京:科学出版社,1998.

[4] 陶仁骥. 密码学与数学 [J]. 自然杂志,1984, 7(7): 527.

[5] 吴宝申. 房地产价格波动与宏观经济基本面的互动机制研究[D]. 杭州:浙江大学,2007.

[6] 董星星,田红保. 国土资源"四全"服务平台决策支持体系研究[C]. 国土资源信息技术学术论坛,2015.

[7] 国务院新闻办公室. 中国的粮食问题[EB/OL]. 国务院新闻办公室网[2000 - 09 - 08]. http://www.scio.gov.cn/zfbps/ndhf/1996/Document/307978/307978.htm.

三、其他事项说明

1. 本刊接受电子投稿,电子版用 Word 格式,来稿文责自负。本刊有文字修改权,如不同意,来稿时请注明。我们会尽快回复处理意见,但受人力和经费限制,本刊恕不退稿。稿件寄出 3 个月后未收到用稿通知可自行处理,请作者自留底稿。

2. 来稿请注明专投本刊,严禁剽窃、抄袭行为,反对一稿多投。凡发现有此类行为者,本刊将予以追究,今后不再刊发其论文,并通报作者姓名。

3. 凡在本刊发表的文章获奖或被其他报刊转载、摘登等,请及时通告本刊编辑部。本刊允许转载、摘登和翻译,但必须注明出处,否则视为侵权。

4. 投稿请以电子邮件附件形式发送至:jle2014@sina.com。投稿过程中如有相关问题,亦可通过上述电子邮箱咨询。

5. 稿件发表后本刊向作者赠送样书 2 册。

目　　录

CONTENTS

武汉城市圈土地财政区域差异与转型研究

刘　炼，张安录，曾　晨

（华中农业大学公共管理学院，湖北　武汉 430070）

摘　要　以武汉城市圈48个行政区为例，运用统计分析、聚类分析、定量比较方法，测度了2011、2013、2015年不同行政区的土地财政规模及依赖度，分析了土地财政依赖度区域差异，将48个行政区按照土地财政起步、发展、繁荣、鼎盛的不同时期划分为4类区域，并结合各区域经济发展状况、土地资源禀赋、城镇化水平提出相应转型建议。研究表明：2011—2015年，武汉城市圈土地出让金规模和土地财政依赖度均出现先升后降的现象，2011年武汉城市圈土地财政依赖度为43.40%，2013年为48.00%，2015年为31.93%，5年间降低了11.47个百分点；各行政区之间土地财政依赖度区域差异明显，高度发达城区尚未摆脱对土地财政的严重依赖，为今后土地财政相关制度的改革提供了参考依据。

关键词　土地财政；依赖度；聚类分析；武汉城市圈

一、引　言

土地财政是20世纪90年代以来中国出现的一种特殊现象，已有研究多围绕土地财政的定义、成因、现状、所产生的效应以及土地财政的治理进行分析，多角度、全方位分析了近年来广为热议的土地财政现象。小口径的土地财政指土地出让金收入[1]；中口径土地财政包括土地出让金，土地房产相关的税、费收入，完整意义上的土地财政涵盖土地出让金（租）、土地房产税收（税）、土地房产收费（费）、土地抵押融资收入四部分[2]；相对中小口径的土地财政，大口径土地财政更全面反映出地方政府对土地财政的依赖性。总体而言，土地财政模式源于地

收稿日期：2019－9－6

基金项目：国家自然科学基金（71873053；71573101；71393095）

作者简介：刘炼（1994—　），女，湖南湘潭人，硕士。主要研究方向：土地资源经济。E-mail：Lyijin@163.com。

方政府的可支配财力高度依赖于土地、建筑产业的租税费收入[3]。造成土地财政依赖的驱动因素主要包括分税制[4]、晋升激励制度[5]、土地制度[6]、城市化[7-8],以及产业结构调整[9]等方面。现阶段全国土地财政规模在2010年至2015年,总体呈波动式增长趋势,在土地财政结构中,土地出让金高速增长,土地出让面积快速扩张,2003—2013年这十年间,通过招、拍、挂方式出让的土地面积及出让金比例分别从28.0%、56.7%增长到92.4%和96.3%[2],土地资源在公开市场的出让进程加快。土地财政为地方政府创造巨大财政收入的同时,也不可避免地出现了一系列负面效应:经济波动与经济结构扭曲[10]、房价上涨[11]、城镇化虚高与扭曲[12]、地方债务风险加剧[13]等。以上对于土地财政的研究从成因入手,提出的主要治理措施包括改革政绩考评体制、完善财权事权匹配的财政体制、地方政府角色转变等。

新型城镇化作为中国的重要国策,其内涵不仅关系到人口的城镇化,也与土地城镇化息息相关,城镇化进程的推进必然伴随着城市扩张的加剧,财政压力的凸显和新型城镇化建设的要求,成为土地财政不健康积累的潜在动因。从城镇化发展水平来看,武汉城市圈2015年的城市化率为58.30%,高于湖北省56.85%的平均水平,相对国内的长三角、珠三角城市群而言城镇化发展空间还很大,未来几年武汉城市圈的经济社会发展离不开土地财政的正向贡献作用。另外,2015年城镇化水平最高的武汉市达到74.37%,而最低的潜江市仅仅约为40%①,武汉城市圈低于湖北省城镇化平均水平的城市占到2/3,在武汉城市圈9个城市中,武汉市贡献了最高的地区生产总值,是天门市的24.78倍,武汉城市圈内部城镇化建设、经济发展水平差异显著可见一斑。已有研究发现经济越不发达地区土地出让金占土地财政规模比重越大[14]。土地财政依赖程度较低的情况往往出现在城市化发展较快和城市化刚起步的地区[15],在此基础上,现有研究多从省际[12]、地级市[9,11]的角度分析土地财政,鲜有关注到城市化刚起步的县级城市土地财政行为,本文考虑从城市圈的行政区层面展开研究分析,依据2011、2013、2015年三年的数据,从武汉城市圈各行政区的土地财政规模入手,分析各行政区土地财政依赖度的区域差异,并结合各区域经济发展状况、土地资源禀赋、城镇化水平提出相应的转型建议。

---

① 数据来源于湖北省国土部门提供的2015年全省各行政区常住总人口、常住城镇人口、GDP等;城镇化率是当年年末常住城镇人口与当年年末常住总人口之比。

二、研究区域概况与数据来源

（一）研究区域概况

武汉城市圈，亦称武汉“1＋8”城市圈，地处湖北省东部。武汉城市圈是以武汉市为核心组建的，包括武汉市及其周围的黄石、鄂州、孝感、黄冈、咸宁、仙桃、潜江和天门8个城市及下属县市，共48个行政区，武汉城市圈地形地貌复杂，自然条件和人文地理差异较大，再加上行政地位的多元化差异，造成区域土地财政差异显著。在行政地位差异方面，武汉城市圈不同行政单元之间的土地财政规模不尽相同，按照“主城区、远郊区、区、县级市、县”的五级行政划分体系，武汉城市圈48个行政区包括7个武汉市主城区、6个武汉市远郊区、10个区、10个县级市，15个县级行政区。选择武汉城市圈作为研究案例，是因为它是中国中部地区规模最大、发展速度较快、战略地位较高的城市群[16]，是湖北省经济最具活力的发展区域。同时由于自然地理条件、土地管理方式与经济发展城市建设水平的不同，各行政单元之间的土地财政规模存在明显差异。

图1 武汉城市圈示意图

Fig.1 The sketch map of Wuhan Urban Agglomeration

(二) 数据来源

本文使用的数据包括湖北省国土部门提供的2011、2013、2015年的土地利用现状数据(建设用地面积),武汉城市圈的部分社会经济数据(常住总人口、常住城镇人口、GDP等),以及从CREIS中指数据房地产数据信息系统中获取的武汉城市圈48个行政区的土地出让金数据。此外,还从湖北统计年鉴、武汉城市圈各市统计年鉴(2012、2014、2016年)收集了地方公共财政预算收入数据。

三、方 法

(一) 土地财政规模

根据土地财政的收入来源和认识范围差异,土地财政被定义为狭义和广义两种层面,狭义的土地财政指政府凭借出让土地使用权获得的土地收入,属于可由地方政府全部享有、独立支配的预算外收入,通常将土地出让金作为衡量指标,这部分收入因具有高度的公开透明性、数据可获取性强的特点,也是地方土地财政收入的主体和重要组成部分,因而以土地出让金指标衡量地方政府土地财政被学术界广泛采用[9,17-18]。广义的土地财政指政府通过土地和房地产业途径获取的全部收入[19]。广义的土地财政收入虽然更能全面解释土地财政规模,但在实证分析中却很难衡量,况且土地出让金在广义的土地财政收入中仍然占有较大的比重[20],借助于出让土地最大限度地获得土地出让金仍是现阶段众多地区地方政府增加财政收入的主要动力。

从地方政府财政来源来看,土地出让收入在我国地方财政收入中扮演着重要角色。不仅如此,还有与土地相关的政府税收收入以及非税收入,例如耕地占用税、房地产业的增值税、土地增值税等土地税,以及新增建设用地使用费、耕地开垦费、收回国有土地补偿费等土地费,这些收入共同构成地方政府最重要的财政预算外收入,形成名副其实的土地财政,也就是地方政府的"第二财政"[21]。从这个意义上讲,在地方政府以土地为主的财政收入体系中,土地出让收入可以用来衡量土地财政水平。当然,鉴于县域尺度的土地相关税收收入、非税收入数据难以获取,而地级市、县级市等多元化县市的出现,其中更低层级的地市级政府对土地财政的依赖更加明显[12],凸显了从县域尺度研究土地财政的必要性。因此本文研究地方政府土地财政时,用土地出让金概念衡量土地财政水平,土地出让金越高,土地财政规模越大。

（二）土地财政依赖度

土地财政依赖度刻画地方政府收入对土地财政模式的依赖程度，反映了土地财政的经济贡献力。地方政府收入主要包括土地出让金和地方公共财政预算收入，是体现地方政府可支配财力的重要指标[1]。土地财政依赖度可依据以下公式进行计算（式 1）：

$$D=\frac{LS}{FBR+LS} \quad \text{（式 1）}$$

式 1 中，D 定义为土地财政依赖度，LS 表征土地出让金，FBR 为衡量地方政府公共财政预算收入。

四、结　果

（一）土地财政依赖度计算结果

本文测算了武汉城市圈县一级城市 2011、2013、2015 年的土地财政依赖度，具体结果见表 1。

表 1　土地财政规模及依赖度计算结果表

Tab.1　Calculation results of land financial scale and land financial dependence

地区	2011 年		2013 年		2015 年		三年平均值	
	LS 10^8元	D %	LS 10^8元	D %	LS 10^8元	D %	LS 10^8元	D %
安陆市	9.26	69.00	3.43	33.21	4.25	31.18	5.65	45.33
蔡甸区	10.55	38.24	15.85	39.62	6.35	18.50	10.91	32.14
赤壁市	7.69	49.01	8.01	39.24	5.07	24.61	6.92	36.63
崇阳县	5.05	67.22	5.30	57.04	3.30	36.84	4.55	52.98
大悟县	0.76	15.67	3.08	32.30	3.86	32.44	2.57	29.28
大冶市	8.84	30.44	35.22	54.41	11.53	21.84	18.53	37.93
东西湖区	42.86	54.05	32.81	36.61	18.75	22.18	31.47	37.26
鄂城区	14.40	62.27	13.25	51.16	3.35	23.08	10.33	48.79
汉川市	9.26	51.83	18.30	57.45	9.62	34.21	12.40	47.77
汉南区	5.32	43.80	9.37	46.47	3.27	19.71	5.99	36.73
汉阳区	108.57	84.89	46.43	59.81	29.01	41.78	61.34	66.93
红安县	1.75	30.09	1.21	14.02	3.15	20.84	2.04	20.66

续 表

地区	2011 年		2013 年		2015 年		三年平均值	
	LS 10^8元	D %	LS 10^8元	D %	LS 10^8元	D %	LS 10^8元	D %
洪山区	89.81	78.17	65.32	63.18	49.41	49.74	68.18	64.40
华容区	11.52	79.63	44.94	90.72	60.28	91.82	38.91	90.04
黄陂区	11.65	30.83	37.12	49.10	21.30	32.56	23.36	39.19
黄梅县	5.90	53.06	8.67	54.99	4.67	33.40	6.41	47.08
黄石港区	1.81	30.45	21.93	81.01	0.58	8.01	8.11	60.46
黄州区	10.18	65.95	9.15	64.57	8.77	43.06	9.37	56.23
嘉鱼县	3.79	46.21	14.72	68.14	5.53	39.33	8.01	54.80
江岸区	104.61	76.16	100.43	67.73	92.94	61.27	99.33	68.14
江汉区	76.91	67.22	97.11	65.58	17.99	22.28	64.01	55.94
江夏区	25.57	52.19	41.68	53.34	7.94	14.80	25.06	41.59
梁子湖区	1.62	48.89	0.00	0.00	0.00	0.00	0.54	19.92
罗田县	1.93	41.07	6.86	61.84	5.31	48.06	4.70	52.53
麻城市	3.29	34.33	14.64	58.09	5.49	28.61	7.80	43.40
蕲春县	2.80	32.62	9.95	55.88	5.42	33.91	6.06	42.88
潜江市	8.31	39.92	16.69	46.89	8.58	29.13	11.19	39.11
硚口区	13.89	39.25	82.22	73.91	32.63	47.66	42.91	59.85
青山区	31.32	67.62	5.10	23.06	56.28	73.75	30.90	64.04
天门市	14.41	64.58	17.16	54.71	10.16	36.22	13.91	51.06
铁山区	0.73	31.21	1.19	38.08	0.00	0.00	0.64	26.33
通城县	0.20	6.52	1.62	26.71	0.03	0.60	0.62	12.60
通山县	0.04	1.25	6.06	57.09	1.22	18.48	2.44	36.55
团风县	1.69	39.80	0.62	15.08	1.03	18.50	1.11	23.98
武昌区	19.93	33.82	32.61	37.32	44.34	39.71	32.29	37.56
武穴市	0.01	0.07	7.92	43.96	8.10	36.79	5.34	33.90
西塞山区	0.70	14.62	8.26	59.93	5.60	45.78	4.85	47.29
浠水县	0.69	13.59	3.26	35.30	1.40	15.06	1.78	22.66
下陆区	6.24	66.97	48.25	93.62	6.14	61.80	20.21	85.64
仙桃市	24.04	64.67	10.16	33.84	6.29	19.92	13.49	41.00
咸安区	2.06	28.76	4.17	37.16	2.28	14.78	2.84	25.16
孝昌县	1.92	32.31	1.25	15.71	0.81	9.07	1.32	17.43

续 表

地区	2011 年		2013 年		2015 年		三年平均值	
	LS 10^8元	*D* %	*LS* 10^8元	*D* %	*LS* 10^8元	*D* %	*LS* 10^8元	*D* %
孝南区	4.02	36.71	11.06	46.39	11.23	39.00	8.77	41.38
新洲区	12.54	41.67	8.65	27.06	24.77	45.25	15.32	39.35
阳新县	7.41	56.53	10.66	57.15	17.79	60.76	11.95	58.75
英山县	0.25	12.24	1.81	40.38	1.71	32.26	1.26	31.83
应城市	2.11	22.97	7.88	40.98	2.55	15.00	4.18	27.61
云梦县	2.77	34.69	6.67	43.94	7.47	39.09	5.64	40.00

表 1 的计算结果显示，总体水平上，2011—2015 年，武汉城市圈土地出让金规模出现先升后降的现象，土地财政依赖度也随之呈现先升后降态势。从土地出让金规模来看，2011、2013、2015 年三年里，48 个行政区年均土地出让金规模达到 775.52×10^8元，累计达到 2326.55×10^8元，2013 年较 2011 年增长 14.48%，2015 年较 2013 年下滑 18.42%。其中，土地出让金规模最大值出现在武汉市江岸区，年均水平为 99.33×10^8元；土地出让金规模最小值出现在鄂州市梁子湖区，年均仅为 0.54×10^8元；江岸区年均土地出让金是梁子湖区的 184.14 倍。相较于 2011 年的土地出让金水平，2015 年有 25 个行政区土地出让金呈正增长趋势，土地出让金年均增长速度最快的是武穴市，年均增长 582.21%，有 23 个行政区土地出让金呈负增长，较为典型的是梁子湖区和铁山区在 2015 年均没有土地出让。

从土地财政依赖度来看，2011 年 48 个行政区土地财政依赖度总体上达 43.40%，2013 年为 48.00%，2015 年为 31.93%，5 年间降低了 11.47 个百分点。其中，土地财政依赖度最高值出现在鄂州市华容区，年均达到 90.04%；土地财政依赖程度最低的是咸宁市通城县，年均仅为 12.60%；随时间变化，土地财政依赖度提升速度最快的属于黄冈市武穴市，2011 年为 0.07%，2015 年为 36.79%，年均增长率高达 375.69%；梁子湖区和铁山区土地财政依赖度呈现完全负增长，2011 年梁子湖区和铁山区土地财政依赖度分别为 48.89%、31.21%，2015 年均降至 0。

我们发现相较于 2013 年，2015 年各个行政区无论是土地出让金规模还是土地财政依赖度均出现不同程度的下降，究其原因，土地财政实际上源于消费者对于住宅、商业地产或产品的客观需求，由此引致生产者在市场需求下不断开发土地，土地财政现象逐渐产生，因此房地产市场景气与否将直接导致地区土地财政收入的多少[18]。房地产市场的政策属性也决定了土地财政收入易受国家宏观调控影响，具有显著的波动性特征[22]。2015 年我国供给侧结构性改革加快推进，固定资产投资特别是房地产投资增速大幅回落，经济增速放缓，土地市场需求不足，尤其是面临去产能的工商业用地需求减少，对于土地出让收入影响较大，可见地方政府土地财政行为在中央宏观经济调控政策下逐渐趋于理性。

（二）土地财政空间差异

1. 土地财政聚类分析

“聚类分析”的优点在于事先不用确定事物的分类标准，通过识别样本各因素的数据性质和结构进行分类处理，被识别为相似属性的数据归为一类[2]。本文借助 SPSS20.0 统计软件的聚类分析工具，运用“系统聚类分析”方法，根据武汉城市圈土地财政依赖度三年的平均值数据进行分类操作，其 4 类与 5 类聚类结果如表 2 所示。

依据 4 类、5 类分类结果，下陆区和华容区在聚类指标下始终为一类，在 5 类集群中，位列前六名的行政区分别是下陆区、华容区、汉阳区、洪山区、江岸区、青山区，土地财政依赖度均表现出高水平，因此考虑将六个行政区合并为一类。综合 4 类分区结果，48 个行政区土地财政依赖度的空间差异分类结果如图 2 所示。在此基础上，我们将 4 类区域定义为土地财政起步时期、发展时期、繁荣时期、鼎盛时期。

2. 土地财政空间分布规律

第Ⅰ区域——土地财政起步时期：位于该时期的行政区土地财政贡献率为 12%～30%，分别有大悟县、红安县、梁子湖区、铁山区、通城县、团风县、浠水县、咸安区、孝昌县、应城市，共 10 个行政区，主要分布在远离地级市城区的下属县，这些行政区的社会经济发展水平相对落后，对土地资源的利用程度不高，在新型城镇化、城乡统筹发展的背景下，效仿城区的土地开发经营模式被广泛应用，地方主要财政来源尚未依赖于土地财政的积累，土地财政处于起步探索阶段。

第Ⅱ区域——土地财政发展时期：位于该时期的行政区土地财政贡献率为 31%～44%，分别有蔡甸区、赤壁市、大冶市、东西湖区、汉南区、黄陂区、江夏区、麻城市、蕲春县、潜江市、通山县、武昌区、武穴市、仙桃市、孝南区、新洲区、英山县、云梦县，共 18 个行政区，该区域内既有经济实力较强的武汉市主城区、远郊区，也有经济水平偏低的县城，反映出城市化发展达到稳定时期后，经济发展及公共服务建设会逐渐减少对土地财政依赖，土地开发利用转为间接的税收收益模式[23]。而大部分经济发展水平中等偏下的行政区，这部分地区的城市发展尚未脱离工业化上升至第三产业为主的阶段，城镇化建设还需土地财政注入活力，以提供土地与资金的支撑，故土地财政处于发展时期。

第Ⅲ区域——土地财政繁荣时期：该区域土地财政贡献率为 45%～61%，分别有安陆市、崇阳县、鄂城区、汉川市、黄梅县、黄石港区、黄州区、嘉鱼县、江汉区、罗田县、硚口区、天门市、西塞山区、阳新县，共 14 个行政区。整体而言，该区域经济社会发展存在对土地要素投入的过度依赖，地方政府采用依靠出让土地以刺激地方经济活力的模式。

第Ⅳ区域——土地财政鼎盛时期：该区域土地财政对于地方财政贡献率最高，为 64%～91%，分别有下陆区、华容区、汉阳区、洪山区、江岸区、青山区，共 6 个行政区，主要集中在黄石市、鄂州市核心城区以及武汉市主城区，武汉市和黄石市分别是武汉城市圈的中心城市和副中心城市，在高速的经济社会发展过程中，土地财政为城市化建设、投资环境的优化提供了重要的原始资本积累，作为高度发达的城区，尚未摆脱对土地财政的路径依赖。

表 2　土地财政 4 类与 5 类聚类结果

Tab.2　Four clusters and five clusters of land fiscal

地区	4 类集群	地区	4 类集群	地区	5 类集群	地区	5 类集群
安陆市	1	麻城市	2	安陆市	1	麻城市	2
蔡甸区	2	蕲春县	2	蔡甸区	2	蕲春县	2
赤壁市	2	潜江市	2	赤壁市	2	潜江市	2
崇阳县	1	硚口区	1	崇阳县	1	硚口区	1
大悟县	3	青山区	1	大悟县	3	青山区	4
大冶市	2	天门市	1	大冶市	2	天门市	1
东西湖区	2	铁山区	3	东西湖区	2	铁山区	3
鄂城区	1	通城县	3	鄂城区	1	通城县	3
汉川市	1	通山县	2	汉川市	1	通山县	2
汉南区	2	团风县	3	汉南区	2	团风县	3
汉阳区	1	武昌区	2	汉阳区	4	武昌区	2
红安县	3	武穴市	2	红安县	3	武穴市	2
洪山区	1	西塞山区	1	洪山区	4	西塞山区	1
华容区	4	浠水县	3	华容区	5	浠水县	3
黄陂区	2	下陆区	4	黄陂区	2	下陆区	5

续　表

地区	4类集群	地区	4类集群	地区	5类集群	地区	5类集群
黄梅县	1	仙桃市	2	黄梅县	1	仙桃市	2
黄石港区	1	咸安区	3	黄石港区	1	咸安区	3
黄州区	1	孝昌县	3	黄州区	1	孝昌县	3
嘉鱼县	1	孝南区	2	嘉鱼县	1	孝南区	2
江岸区	1	新洲区	2	江岸区	4	新洲区	2
江汉区	1	阳新县	1	江汉区	1	阳新县	1
江夏区	2	英山县	2	江夏区	2	英山县	2
梁子湖区	3	应城市	3	梁子湖区	3	应城市	3
罗田县	1	云梦县	2	罗田县	1	云梦县	2

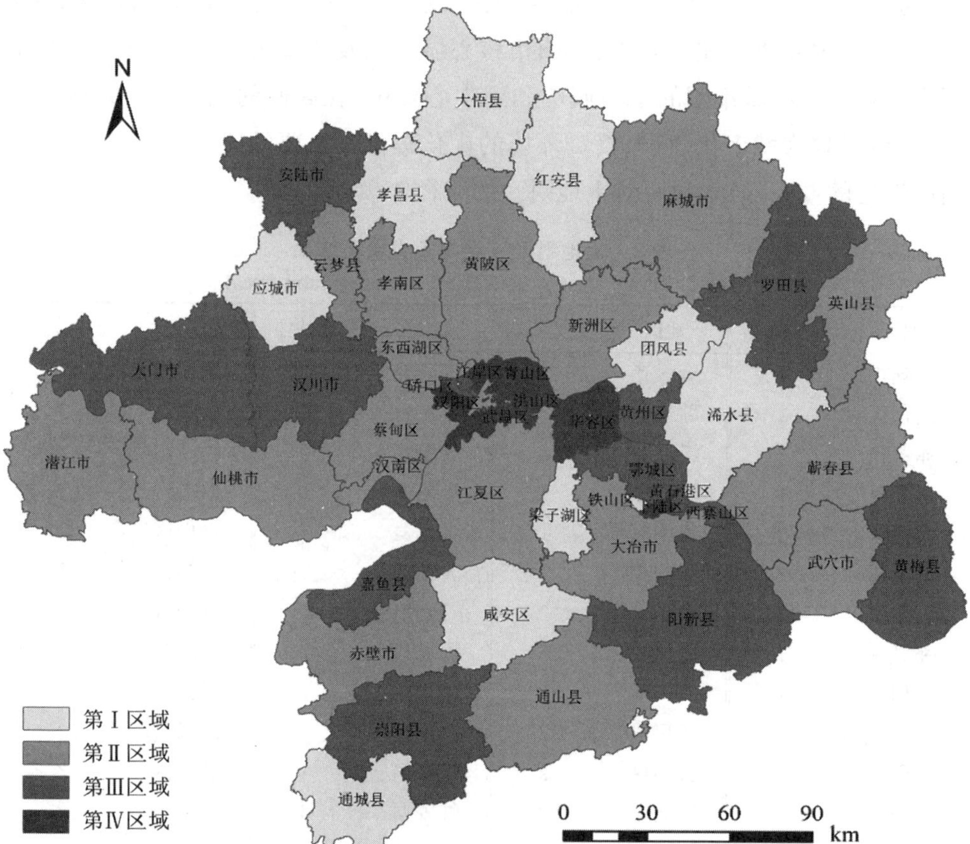

图2　土地财政依赖度空间差异分类结果

Fig.2　Spatial disparity of land fiscal dependency

（三）土地财政区域差异成因及转型建议

武汉城市圈不同行政地位的区域土地财政依赖度存在较大的差异，究其原因，地区经济发展水平反映了该地区地方政府财政收入能力，经济总量增加意味着税基扩大，地方政府收入随之提升，地区经济发展水平侧面体现出地方政府摆脱土地财政依赖的现实程度，标尺竞争的压力使得现阶段经济发展水平相对落后的地区，通常存在着对土地要素投入的过度依赖，地方政府采用依靠出让土地以刺激地方经济活力的模式。土地资源禀赋差异决定地区社会经济发展所依赖的物质基础和条件的优劣，人地关系状况直接关系到土地财政模式的可持续发展程度[1]。在国家发展战略背景下，城镇化进程往往伴随着土地资源的规模扩张，因此，土地财政依赖程度与地区经济发展水平、土地资源禀赋以及城镇化进程息息相关。

本文以土地财政依赖度指标表征地区依赖土地财政的程度，人均 GDP 指标表征地区经济发展水平，人均建设用地面积①表征地区支持土地财政的土地资源禀赋，用城镇化率②指标来刻画土地财政依赖度与城镇化建设的耦合关系，所有指标数值均选取 2011、2013、2015 年三年的平均值，进行对比分析。

表 3　土地财政依赖的相关因素

Tab.3　Related factors of land financial dependence

区域	土地财政依赖度 /	人均 GDP 万/人	人均建设用地面积 m^2/人	城镇化率 /
第Ⅰ区域	12%～30%	2.50	282.99	0.44
第Ⅱ区域	31%～44%	5.12	290.44	0.46
第Ⅲ区域	45%～61%	3.88	209.24	0.61
第Ⅳ区域	64%～91%	9.35	177.07	0.82

第Ⅰ区域土地财政依赖度、人均 GDP、城镇化率处于最低水平，但人均建设用地面积较高，说明该部分地区土地财政对经济发展的贡献能力尚为薄弱，城镇化建设也基本上处于追赶大城市阶段，不过土地资源约束较低，城市用地规模还有很大的发展空间，未来可以在持续挖掘土地开发价值，强化土地财政促进地区经济增长的基础上，逐步实现经济转型。

第Ⅱ区域土地财政依赖度、城镇化率较低，人均 GDP 水平较高，人均建设用

① 人均建设用地面积是由当年年末各地区建设用地面积数与当年年末各地区常住人口数之比计算得来。

② 城镇化率是当年年末常住城镇人口与当年末常住总人口之比。

地面积最大。位于第Ⅱ区域的行政区可以充分利用自身土地资源优势,在现有基础上适当提升土地财政对经济增长的贡献,进一步完善现有的城市基础设施建设,驱动城镇化发展。

第Ⅲ区域土地财政依赖度、城镇化率处于较高水平,人均GDP、人均建设用地面积处于较低水平。这部分地区的经济发展存在较大困难,具体来看,土地财政依赖度呈现与各地城镇化率相趋同的区域规律,城镇化率的提高会促进城市配套设施的完善,是拉动地区消费和投资增长的一个重要引擎,但却未能带来人均GDP的提高,这一方面说明了"人的城镇化"水平并未真正得到提高,另一方面也表明"地"的城镇化发展与"人"的城镇化过程存在一定的悖论,往往是地先于人,人均建设用地面积较低,凸显了城镇化进程盲目追求土地投入的增加,形成了粗放式的土地经营和城市扩张模式,导致土地城镇化和人口城镇化的非均衡发展[12],同时,由于城市经济增长过度依赖土地要素,二、三产业供血不足,因而尽管该区域城镇化率较高,却已经难以刺激到人均GDP的提升。在这种情况下,武汉城市圈的圈际建设应该在资金和政策方面给予重点扶持,同时这些地区要充分结合自然资源优势、产业发展基础,形成特色城镇化的建设模式,推动城镇化的健康发展,拓宽财政收入来源。

第Ⅳ区域土地财政依赖度、人均GDP、城镇化率处于最高水平,但人均建设用地面积最少,位于该区域的行政区在土地财政模式的支持下,已经实现了较高的经济增长,城镇化水平也达到了领先的阶段,但人均建设用地面积不足,土地资源约束程度高,依赖土地财政的发展方式难以为继,下一阶段需要探索新的经济增长途径,进一步优化产业结构调整,持续引领武汉城市圈的经济腾飞。

五、结　论

随着中国逐渐迈入新常态发展阶段,以往依靠土地财政发展经济、弥补财政缺口的模式已经不可取,目前我们面临的现实情况是土地成本日渐上升,可出让的土地指标越来越少,土地财政模式已经发挥了特定的历史阶段下不可否定的作用,寻求土地财政模式转变、新型经济发展的合理化途径应该是当前更值得研究的问题。近年来,武汉城市圈的土地财政依赖度仍处于较高水平,各区域之间存在明显差异,作为经济高度发达的武汉市主城区,依旧未能摆脱对土地财政的严重依赖,加快推动经济增长模式转变将是未来武汉城市圈经济社会持续健康发展的必经之路。

当下,在以 GDP 为主要考核指标的政绩考核体制下,建立财权、事权相匹配的财政体制,完善土地出让金的分配体制,建立城乡统一的土地管理制度,建设公共治理型政府,转变地方政府“经济人”角色定位,探索建立依法相对独立功能互补的分级收入体系,增强区域经济发展活力,增强财政收入的体制稳定性,逐步建立以财税体系、行为税体系为主导的地方税体系,进一步解放地方财政的内在活力,减少地方财政收入对土地财政的过度依赖。另外,根据各地土地财政规模以及依赖程度的区域差异,经济发展水平、土地资源禀赋约束、城镇化进程所处的不同发展阶段,针对不同地区可考虑实行差别化治理土地财政的思路,同时,各地应积极响应中央政府经济结构调整政策,着力加强各地供给侧结构性改革,转变经济发展对土地财政的路径依赖。

参考文献:

[1] 牟燕,钱忠好.破解地方政府土地财政困境的路径选择研究[J].中国土地科学,2015,29(12):18-25.

[2] 王玉波.土地财政构成要素时空差异与调控政策研究[J].中国土地科学,2016,30(07):22-32.

[3] 邹秀清,莫国辉,刘杨倩宇,等.地方政府土地财政风险评估及预警研究[J].中国土地科学,2017,31(09):70-79.

[4] 郑谊英.地方政府非正式财权偏好成因分析及法律治理[J].财政研究,2015(01):75-79.

[5] 张学博.分税制、土地财政与官员晋升锦标赛[J].科学社会主义,2014(05):135-139.

[6] 贾康,梁季.市场化、城镇化联袂演绎的“土地财政”与土地制度变革[J].改革,2015(05):67-81.

[7] 张耀宇,陈会广,宋璐怡,等.基于城市规模的地方政府土地财政行为差异研究[J].自然资源学报,2015,30(10):1653-1663.

[8] 蒋震.工业化水平、地方政府努力与土地财政:对中国土地财政的一个分析视角[J]. 中国工业经济,2014,(10):33-45.

[9] 邹秀清.中国土地财政区域差异的测度及成因分析——基于287个地级市的面板数据[J].经济地理,2016,36(01):18-26.

[10] 赵祥,谭锐.土地财政与我国城市“去工业化”[J].江汉论坛,2016(01):16-24.

[11] 李明秋,牛海鹏,李滢.资源枯竭型城市土地财政的成因及其影响研究——以河南省焦作市为例[J].中国人口·资源与环境,2015,25(S2):73-78.

[12] 席小瑾,梁劲锐,杨建飞.地方财政竞争是否提高了公共基础设施投资效率?[J].华东经济管理,2017,31(12):114-123.

[13] 张平.后土地财政时代我国地方政府偿债问题研究[J].当代财经,2013(01):39-47.

[14] 丘海雄,付光伟,张宇翔.土地财政的差异性研究——兼论土地财政对产业转型升级的启示[J].学术研究,2012(4):75-81.

[15] 吴冠岑,牛星,田伟利.我国土地财政规模与区域特性分析[J].经济地理,2013,33(7):127-132.

[16] TAN R, LIU Y, LIU Y, et al. Urban growth and its determinants across the Wuhan urban agglomeration, central China[J]. Habitat International, 2014,44:268-281.

[17] 牟燕,钱忠好.破解地方政府土地财政困境的路径选择研究[J].中国土地科学,2015,29(12):18-25.

[18] 李郇,洪国志,黄亮雄.中国土地财政增长之谜——分税制改革、土地财政增长的策略性[J].经济学(季刊),2013,12(04):1141-1160.

[19] 刘红梅,张志斌,王克强.我国土地财政收入研究综述[J].开发研究,2008(01):141-144.

[20] 李尚蒲,罗必良.我国土地财政规模估算[J].中央财经大学学报,2010(05):12-17.

[21] 刘志广.我国地方政府财政收入来源及其规模[J].地方财政研究,2010(04):14-19.

[22] 娄成武,王玉波.中国土地财政中的地方政府行为与负效应研究[J].中国软科学,2013(06):1-11.

[23] 王玉波.土地财政区域差异与替代融资机制研究[J].经济地理,2015,35(10):163-170.

Study on Regional Difference and Transformation of Land Fiscal in Wuhan Metropolitan Area

Lian Liu, Anlu Zhang, Chen Zeng
(1. College of Public Administration, Huazhong Agricultural University, Wu Han 430070,China)

Abstract: Taking 48 administrative units under Wuhan Agglomeration Area as an example, the paper measures the land financial scale and dependence of different administrative units in 2011, 2013 and 2015 by means of statistical analysis, cluster analysis and quantitative comparison. It further analyzes the regional variations of land financial dependence, dividing the land finance of 48 administrative units into 4 types: initial, developing, flourishing and peak period. Taking regional economic development, land resources endowment, and urbanization level into account, policy recommendations for future transformation are put forward correspondingly. The research shows that during year 2011—2015, the scale of land transfer and the land financial dependence in Wuhan Agglomeration Area rose first and then fell. Land Financial dependence of Wuhan Agglomeration Area is 43.40% in 2011, 48.00% in 2013, 31.93% in 2015, decreasing by 11.47% over 5 years. Through the empirical study of Wuhan metropolitan area, it is found that the regional difference of land financial dependence between different administrative units is obvious, and the highly developed urban areas have not yet gotten rid of the serious dependence on the land finance, which provides a reference point for the future reform of land finance related system.

Key words: land fiscal; dependence degree; cluster analysis; Wuhan agglomeration area

土地财政影响经济增长的作用机理及空间效应研究

唐　鹏[1],陈　尧[1],肖　君[2]

(1. 四川大学公共管理学院,四川　成都 610065;
2. 广西壮族自治区国土资源规划院,广西　南宁 530000)

摘　要　本文旨在研究土地财政影响经济增长的作用机理以及空间效应,为促进经济可持续高质量发展和转变地方土地财政逐底竞争提供决策参考。论文在理论分析提出2个研究假说的基础上,基于1999—2016年全国31个省级(未包含中国港澳台地区数据)层面的面板数据,应用空间杜宾模型(SDM)进行了实证分析。研究发现:① 土地财政对经济增长的影响呈"倒U形"趋势,说明土地出让具有的收入改善效应和土地融资具有的政府债务延缓效应只在短期内对经济增长具有正向促进作用,但长期来看,土地资源稀缺性导致的土地财政不可持续,会对经济增长产生负向影响。② 土地财政对经济增长存在显著的负向空间影响,即地方政府间的土地财政竞争存在逐底效应,对地区经济增长产生不利影响。

关键词　土地财政;经济增长;作用机理;空间效应

一、引　言

近年来,地方政府对土地财政的依赖日益增加,土地财政也成为中国地方政

收稿日期:2019-10-10

基金项目:国家社科基金青年项目(15CGL054);广西壮族自治区国土资源厅2018年重大研究课题(GXZC2018-G3-17920-JGYZ);四川大学中央高校基本科研业务费项目(skq201614)

作者简介:唐鹏(1986—　),男,汉族,四川南充人,博士、讲师。主要研究方向:土地经济与制度。E-mail: tp2han@163.com。

陈尧(1995—　),女,汉族,重庆铜梁人,硕士研究生。主要研究方向:土地行政。E-mail:1144135838@qq.com。

肖君(1986—　),女,汉族,湖南常德人,土地资源管理工程师。主要研究方向:土地制度与管理。E-mail: 869109332@qq.com。

府推动地区经济发展的经典模式[1-2]。大量学者发现土地财政对经济增长具有一定的促进作用[3-6],主要体现在以下几个方面:一是土地财政提高了地方政府的积极性,增加了地方政府的收入和支出,且增加了固定资产投资,从而促进经济增长[7]。二是土地出让在改善地方财政收入与支出的同时,能够为城市化发展拓展空间,优化与提升城市投资与居住环境,促进当地经济发展[8]。三是土地财政可通过促进产业结构调整进而推动经济增长[9]。但也有学者发现,土地财政的急剧膨胀使大量地方政府患上了严重的经济增长"土地依赖症"[10],而由于土地资源的有限性,这种"以地谋发展"的经济增长模式并不可持续[11],过度的土地财政反而会抑制经济增长[12-13]。可见,目前大多学者主要关注土地财政对经济增长的直接影响,主要分析了土地出让带来的政府收入改善效应对地区经济增长的影响。但地方政府如此依赖土地财政还在于地方政府债务这一因素。1994 年分税制改革后,地方政府大量举债填补财政缺口[14],进行大量基础设施建设和公益性项目投资,来带动地方经济发展[15]。而地方债务与土地财政关联度很高,不仅有以储备土地为抵押的直接负债,还包括以未来土地出让收益为担保的间接负债,更重要的是,用于清偿债务的地方财政收入严重依赖土地出让收益[16],且债务的积累将给地方政府带来巨大的偿债压力和信用风险,而不利于地方经济发展[17]。因此,在分析土地财政对地方经济增长的影响时,有必要将地方债务这一重要因素纳入分析框架。

此外,由于地方政府之间的竞争关系,土地财政和经济增长呈现出较强的空间相关性[18],地方政府土地出让行为存在显著的空间"竞争效应"[19-20],导致相邻地区出现"以邻为壑"现象[13]。同时,随着经济改革的不断深入,经济发展的空间溢出效应越发明显,相邻地区愈来愈注重交流合作促发展,使相邻地区经济发展水平相近[12]。目前大多学者考虑到了地方政府的空间竞争以及经济增长的空间自相关,而忽略了土地财政对经济增长的空间影响效应。

综上,基于土地出让和土地融资影响经济增长的不同作用机理,论文首先从土地出让具有的收入改善效应和土地融资具有的政府债务延缓效应,理论分析土地财政对经济增长的作用机理,并综合考虑土地财政带来的空间影响,以更加全面地解释经济增长背后的土地财政动机和空间效应。然后采用空间计量模型,运用 1999—2016 年全国 31 个省(区、市)的面板数据进行实证检验,以期为地区经济可持续发展和土地财政转型提供理论参考和决策支撑。

二、理论分析

图1给出了论文的理论分析框架。其中获取土地财政的主要方式是"土地出让"和"土地融资",通过不同的土地出让策略选择能够增加地方财政收入、吸引外来资本进入以及调整产业结构,以此推动地区经济增长。而土地抵押融资贷款不仅增加了地方政府当期投资的资金,也获得了可观的未来收益,缓解了地方进行大量投资的资金压力,从而有利于经济增长。但依赖土地财政促进经济增长的模式不具有可持续性,一方面主要依靠增量土地开发的土地财政受到土地资源禀赋的限制,另一方面地方债务与土地财政密切相关,随着土地财政的不可持续,地方政府将面临偿债危机和信用风险,可能会对经济增长产生抑制作用。在空间效应方面,则主要表现为地方政府间的土地财政竞争对地区经济增长产生影响。

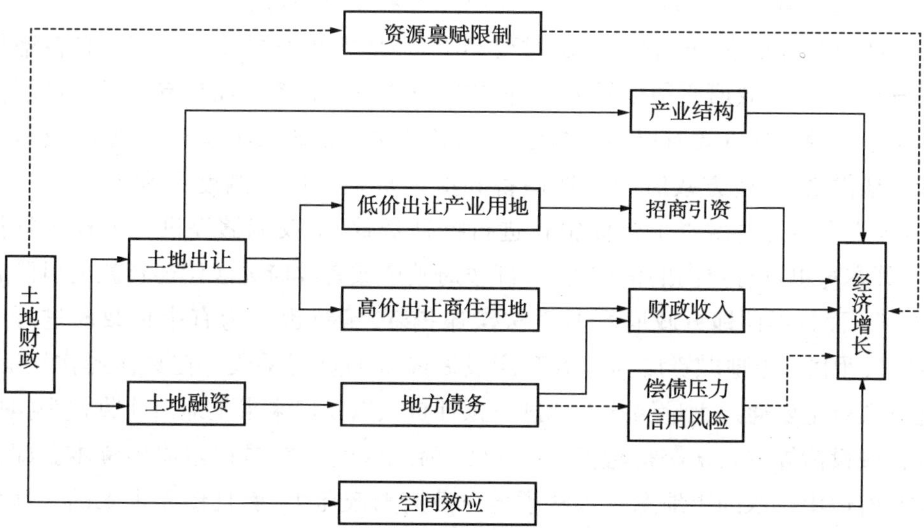

图1 理论框架

Fig.1 Theoretical framework

(一)土地财政对经济增长的影响机理

1. 土地出让具有的收入改善效应有利于经济增长

地方政府在土地市场上针对不同类型用地采取不同的出让价格策略[21]。一是高价出让商住用地,以增加预算外收入,为城镇化和工业化积累原始资金。

由于居住用地难以产生持续性收入，对财政收入的贡献是一次性的，故地方政府往往采取“高价”策略，通过“低征高卖”取得高额差额利润，增加地方财政可支配收入。当地方政府财政能力提高之后，地方政府的公共产品支出，特别是城市基础设施的投资建设力度将大大增加，这一方面能够带动建筑业、房地产业等直接关联产业的快速发展，提振地方经济[22-23]；另一方面也改善了投资环境，有利于吸引更多的资本入驻，促进地区产业繁荣，从而推动地区经济增长。二是低价出让产业用地，以实现招商引资，进而促进地区经济发展。由于产业用地能够产生持续的税收现金流，故地方政府往往会采取“低价优惠”策略，降低企业进入门槛，以吸引更多资本投入，促进地区经济发展。除了不同的土地出让价格策略，地方政府也可以通过调控土地出让用地类型来实现产业结构调整[9]。对地方政府来说，要快速发展经济，会优先发展房地产业和建筑业等高利润产业，使其在产业结构中的比重上升，以此带来高额营业税、企业所得税等地方税收；且周边建设用地增多，必将带来周边其他项目的投入增长，进而带动整个区域经济增长[24]。

2. 土地融资具有的政府债务延缓效应有利于经济增长

政府投资是推动经济增长的重要动力，在地方政府财政收支压力日益增加的背景下，地方政府必须依靠债券、贷款等方式进行融资。而具有重要资产属性的土地资源为地方政府提供了担保，一方面地方政府事实上享有土地所有权，垄断土地供给，为地方政府的土地储备和抵押贷款提供了制度便利[25]。另一方面，地方政府通过融资平台向银行进行抵押贷款，不仅能够提供土地作为抵押品，其本身也具有更高的信用等级，即政府破产或者政府无法偿还贷款的风险较小[26]。而且即便地方政府暂时无法偿还贷款，银行也认为有中央政府进行兜底[27]。因此，土地融资成为地方政府发展经济的重要手段。在具体操作层面，地方政府主要通过大量储备土地进行抵押贷款以及以未来土地出让收益为担保发行城投债等方式来获得融资资金[8,28]，为地区经济发展积累原始资本。即依靠政府信用获取的土地融资缓解了地方政府财政压力，而且依靠未来的土地出让收入，将地方政府的短期财政压力转变为长期债务压力，为经济发展提供了坚实的资金保障和时间窗口。

3. 土地资源禀赋限制了土地财政的持续获取，对经济增长具有长期约束作用

尽管土地财政对经济增长具有正向促进作用，但当前土地财政的获取建立在增量土地开发的基础之上，具有严重的不确定性和不可持续性风险。一方面，土地是稀缺资源，房地产业是一次性税源，随着土地资源的日益稀缺，地方政府土地财政来源将受到影响，进而对经济增长形成制约。而且，地方政府对土地财

政依赖性不断增强，容易被房地产市场“绑架”，一旦房地产市场和土地市场“降温”，地方政府财政压力将骤然上升，甚至可能引发财政危机[29-30]，进而影响地方经济增长[11]。再者，地方政府为获取更多土地出让收入，大量征收农村土地，还容易引发一系列社会、经济问题，如破坏耕地、政府腐败、城市化水平虚高等[9,31]，从而抑制经济增长。另一方面，地方政府依靠土地融资增加财政收入，用于基础设施建设和公共支出，以吸引投资，短期内能够促进经济增长，但长期来看，土地融资也为地方政府积累了大量债务[32]。由于基础设施建设周期长，现金流收入低，再加上与土地融资高度相关的土地出让收入具有不可持续性，地方政府事实上面临巨大的偿债压力。偿债能力也会影响政府信用，一旦风险继续增加，将对地方经济增长产生约束作用。

综上所述，提出假说1：土地出让具有的收入改善效应和土地融资具有的政府债务延缓效应短期内对经济增长具有正向促进作用，但长期来看，土地资源稀缺性限制了土地财政的持续获取，会对经济增长产生抑制作用。

（二）土地财政影响经济增长的空间效应

中国是政治集权国家，地方官员面临着以GDP为核心的考核指标和激烈的晋升锦标赛，导致地方政府之间的“竞争效应”明显[33-35]。为在竞争中胜出，地方官员会积极主动加速发展本地区经济并扩大财政收入。一方面，地方政府竞相利用土地财政收入增加公共产品投入、基础设施和房地产建设等，改善地区经济、社会环境，吸引人口流入，这种竞争将导致人口在区域间的流动加速，从而影响地区人力资本要素，影响经济增长。另一方面，为了吸引更多资本进入，地方政府通常会采取“土地引资”策略[34,36]，这诱致地方政府利用自身对土地资源的垄断权，以土地优惠政策为工具与其他地区展开激烈的空间竞争[37]，从而影响资本在区域间的流动和分散，进而对地区经济增长产生影响。而一旦土地财政竞争加剧，产生恶性竞争、低质量竞争，将对整体经济增长产生负向影响。

综上所述，提出假说2：土地财政对经济增长存在显著的空间影响，并且地方政府间的土地财政可能存在逐底竞争效应，从而不利于地区经济增长。

三、实证分析

（一）模型构建

为了考察土地财政影响经济增长的空间效应，本文应用空间杜宾模型(SDM)进行实证分析。主要原因在于空间杜宾模型不仅包括被解释变量的空

间滞后变量,还包括解释变量的空间滞后变量,符合本文研究目的。其模型具体定义为

$$EG = \alpha wEG + \beta_1 wLF + \beta_2 w LF^2 + \gamma_1 LF + \gamma_2 LF^2 + \sum_{k=1}^{n} \delta_k Z_k + \varepsilon$$

其中,EG 表示经济增长;LF 和 LF^2 为核心解释变量,分别是土地财政及其二次项;Z 为控制变量,反映影响经济增长的其他因素。w 为空间权重值,采用地理距离权重,即各地区经纬度差额的平方根值倒数,$w_{ij} = \dfrac{1}{\sqrt{(X_i - X_j)^2 + (Y_i - Y_j)^2}}$,$X_i$、$X_j$ 与 Y_i、Y_j 分别表示各地区经纬度。wEG、wLF 和 wLF^2 分别表示经济增长、土地财政及其二次项的空间滞后项,ε 表示残差项。

(二)变量选取与说明

1. 被解释变量

本文选用地区人均 GDP 指标来反映地区经济增长情况(EG)。为了验证经济增长的空间相互影响,模型中加入 $w \cdot EG$ 指标。

2. 关键解释变量

关键解释变量为土地财政(LF)及其二次项(LF^2)。由于广义土地财政量化困难,特别是土地融资数据缺乏,且现阶段地方政府土地财政来源以土地出让金为主,故本文选取土地出让金作为土地财政衡量指标[2,18,35]。此外,加入土地财政二次项(LF^2)变量,以分析其对经济增长的长期影响。同样的,为了验证土地财政对经济增长的空间影响,加入 $w \cdot LF$ 和 $w \cdot LF^2$ 两个指标。

3. 其他控制变量

根据经济学原理,经济增长的源泉包括土地、资本、劳动和技术进步四类基本要素。本研究的关键解释变量为土地财政,反映了土地生产要素,故选取其他三类要素作为控制变量。其中,资本(CAP)要素选取外商投资总额来表征;劳动力(LAB)要素选用城镇总就业人数来衡量;技术进步(TEC)则从专利情况来考虑,专利权能够反映拥有自主知识产权的科技和设计成果情况,故用国内专利申请授权量与受理量的比值来反映科学技术发展和进步。

为消除异方差的干扰,本文在实证之前对地区人均 GDP、土地出让金和外商投资额进行了自然对数处理。变量具体说明和描述如表 1 所示。

表 1　变量选取与定义

Tab.1　Variable selection and definition

变量	指标及含义	平均值	标准差	预期影响
被解释变量				
经济增长(*EG*)	人均 GDP 自然对数	9.892	0.848	
关键解释变量				
土地财政(*LF*)	土地出让金自然对数	4.945	2.122	+/−
土地财政二次项(LF^2)	土地出让金自然对数的平方	28.946	18.218	−
其他控制变量				
资本(*CAP*)	外商投资额(亿美元)	5.477	1.639	+
劳动(*LAB*)	城镇总就业人数(万人)	135.695	129.875	+
技术进步(*TEC*)	国内专利申请授权量与受理量的比值(%)	57.1	14.2	+

（三）数据来源

本文运用 1999—2016 年 31 省(区、市)的面板数据进行实证分析。其中,各地区人均 GDP＝地区 GDP 总额/地区总人口数,地区 GDP 总额和总人口数均来源于各年《中国统计年鉴》;土地出让金数据来源于各年《中国国土资源年鉴》;外商投资额、城镇总就业人数、国内专利申请授权量和受理量等数据均来源于各年《中国统计年鉴》。

（四）模型估计及结果分析

在进行空间计量之前,需要对三个主要变量——经济增长(*EG*)、土地财政(*LF*)及其二次项(LF^2),进行空间自相关检验。具体方法为计算全局 Moran's *I* 指数(计算结果见表 2)。其中,*I* 值为 Moran's *I* 指数值,介于－1 和 1 之间,$I>0$ 表示主体存在空间正相关,即“高—高”集聚和“低—低”集聚;$I=0$ 表示不存在空间相关性;$I<0$ 则表示存在空间负相关,即“高—低”集聚和“低—高”集聚。*Z* 值表示标准差的倍数,反映数据集的离散程度。*P* 值为观察结果具有总体代表性的犯错概率,反映估计结果的显著性水平,通常认为 0.05 是 *P* 值可接受错误的边界水平。结果显示,从 1999 年到 2016 年三者全局 Moran's *I* 指数均为正,且除 1999 年土地财政二次项(LF^2)的 Moran's *I* 指数在 10%置信水平下显著外,其他年份各变量 Moran's *I* 指数均在 1%水平下高度显著,说明三者均存在显著空间正相关,即在地理空间上呈现出“高—高”集聚和“低—低”集聚

的态势。检验结果进一步确认了本文样本数据在技术上适合采用空间计量经济模型进行回归分析。

表 2 Moran's *I* 指数检验

Tab.2 Moran's *I* index test

年份	经济增长(*EG*)			土地财政(*LF*)			土地财政二次项(LF^2)		
	I 值	*Z* 值	*P* 值	*I* 值	*Z* 值	*P* 值	*I* 值	*Z* 值	*P* 值
1999	0.141	4.657	0.000	0.092	3.371	0.000	0.020	1.448	0.074
2000	0.147	4.800	0.000	0.076	2.939	0.002	0.060	2.479	0.007
2001	0.148	4.856	0.000	0.123	4.259	0.000	0.114	3.912	0.000
2002	0.148	4.839	0.000	0.152	4.909	0.000	0.158	5.060	0.000
2003	0.152	4.927	0.000	0.146	4.797	0.000	0.165	5.253	0.000
2004	0.158	5.106	0.000	0.144	4.740	0.000	0.166	5.205	0.000
2005	0.166	5.289	0.000	0.161	5.150	0.000	0.172	5.410	0.000
2006	0.166	5.285	0.000	0.134	4.478	0.000	0.145	4.703	0.000
2007	0.160	5.109	0.000	0.114	4.020	0.000	0.119	4.008	0.000
2008	0.157	5.034	0.000	0.140	4.698	0.000	0.157	5.017	0.000
2009	0.158	5.033	0.000	0.130	4.588	0.000	0.158	5.074	0.000
2010	0.158	5.039	0.000	0.130	4.474	0.000	0.141	4.631	0.000
2011	0.152	4.883	0.000	0.117	4.174	0.000	0.133	4.431	0.000
2012	0.149	4.786	0.000	0.101	3.777	0.000	0.111	3.871	0.000
2013	0.145	4.677	0.000	0.110	4.018	0.000	0.122	4.148	0.000
2014	0.134	4.404	0.000	0.137	4.600	0.000	0.146	4.759	0.000
2015	0.126	4.192	0.000	0.141	4.692	0.000	0.152	4.887	0.000
2016	0.120	4.025	0.000	0.175	5.516	0.000	0.186	5.770	0.000

利用 Stata 软件进行模型估计，具体结果如表 3 所示。R^2 是判断模型拟合优度的重要指标，R^2 值越接近 1，表明模型拟合度越好。从回归结果可以看出，固定效应模型和随机效应模型的 R^2 值分别为 0.946 和 0.949，拟合效果较好，且模型结果基本相同。

1. 土地财政影响经济增长的结果分析

模型回归结果显示，土地财政(*LF*)系数为正，且在 1%置信水平下显著，而土地财政二次项(LF^2)系数为负，且在5%置信水平下显著，表明短期内土地财政对经济增长具有显著的正向促进作用，而土地财政受土地资源禀赋限制，长期来看会对经济增长产生负向影响，表明土地财政对经济增长的影响呈“倒U形”变化。该结果验证了假说1，说明地方政府利用土地出让和土地融资积累工业化原始资金、吸引产业集聚，一定程度上带动了地区经济的快速增长。但随着土地资源稀缺性的增加，土地财政对经济增长的弊端也逐渐凸显。如加剧了经济建设与耕地保护之间的矛盾，且随着“限购”、“限价”等政策施行，房地产市场和土地市场持续“降温”，土地财政收入有减少的风险，以土地财政促进经济增长的发展模式不可持续。

表3 空间回归结果

Tab.3 Spatial regression result

变量	回归结果	
	固定效应	随机效应
LF	0.218(11.40)***	0.220(10.98)***
LF^2	−0.004(−2.20)**	−0.005(−2.32)**
CAP	0.196(3.23)***	0.208(3.33)***
LAB	0.0004(1.68)*	0.0005(1.80)*
TEC	0.028(0.33)	0.015(0.18)
w·LF	−3.923(−2.67)***	−4.633(−3.26)***
w·LF^2	−0.057(−0.31)	0.119(0.70)
w·EG	21.737(10.17)***	19.255(7.12)***
R^2	0.946	0.949
观测值	558	558
Log值	306.049	166.158

注：括号内数值为Z值，表示标准差的倍数，反映数据集的离散程度；***、**、*分别表示统计检验显著性水平1%、5%、10%。

2. 土地财政影响经济增长的空间效应结果分析

土地财政滞后项(w·LF)系数为负，且在1%水平下显著，表明土地财政对经济增长存在负向空间效应，即地区经济增长受到其他地区土地财政的负向影响。原因可能是地区间存在激烈的空间竞争：一是人口竞争，各地方政府竞相利用土地财政增加财政收入和支出进行城市建设、吸引人口流入，导致人口在区域间的流动加速，从而影响地区人力资本要素，使经济增长减速；二是资本竞争，地方政府竞相以土地优惠政策为工具吸引资本，导致资本在区域间的流动和分散，进而影响经济发展增速。土地财政二次项的滞后项（w・LF^2）系数在统计上不显著，表明土地财政对经济增长的空间影响主要是短期影响。此外，经济增长的滞后项（w・EG）系数为正，且在1%水平下显著，说明地区经济发展具有显著的正向空间相关性。原因可能是地区经济发展存在一定的“溢出效应”，基础设施的辐射和贸易往来的增加将诱致邻近地区经济共同发展。综上，假说2得到验证。

3. 控制变量对经济增长的影响结果分析

控制变量中，对经济增长影响较大的因素有资本（CAP）和劳动（LAB），回归系数均为正，分别在1%和10%置信水平下显著，说明资本投入和劳动力增加对经济增长具有显著的促进作用。技术（TEC）变量的系数亦为正，但在统计上不显著。从变量描述统计来看，国内专利申请授权量与受理量比值的平均值为57.1%，说明申请专利权的产品或技术中存在大量无效部分，我国的科学技术发展总体水平还有待提升。

四、结论与讨论

本文系统分析了土地财政对经济增长的影响机理及其空间效应，并运用1999—2016年全国31省的相关数据，基于空间杜宾模型（SDM）进行实证分析。研究结果显示：① 土地财政对经济增长的影响呈“倒U形”，即短期内土地财政有利于促进经济增长，但长期来看，土地资源稀缺性导致的土地财政不可持续，会对经济增长产生抑制作用。研究结果证实了土地出让具有的收入改善效应和土地融资具有的政府债务延缓效应只在短期内对经济增长具有正向促进作用。② 土地财政对经济增长存在显著的负向空间影响，即地方政府间的土地财政竞争存在逐底效应，导致人口和资本等要素的分流，不利于地区经济增长。

根据研究结果，既要认识中国经济增长过程中土地财政发挥的正面作用，也要正确认识土地财政存在的阶段性规律及演变趋势。“以地促增长”的经济发展模式不可持续，故应及时促进经济发展转型升级，降低地方政府发展经济对土地财政的依赖性。首先，分税制改革下，土地财政是地方政府主要预算外收入，要降低地方政府对土地财政的依赖，须改变地方政府财税体制，合理界定各级政府财权和事权范围，缩小地方政府财政收入和支出缺口，减少地方政府对土地出让和土地融资的偏好。其次，以GDP为核心的政绩考核机制是地方政府官员过度依赖土地财政寻求经济发展的重要原因，因此转变政绩考核机制的评价指标是促进地区经济发展模式转变的前提，应提高公共服务供给、生态环境保护等指标在政绩考核中的比重。再次，土地财政的空间竞争导致人口和资本分流，而使经济增长减速，这与GDP增长基本模式有关。拉动经济增长的“三驾马车”包括消费、投资和出口，人口和资本的分流导致地区消费和投资减少，而影响经济增长速度。此外，我国GDP增长基本模式主要是投资驱动，且政府投资占主体地位，故地方政府依赖于土地财政增加财政收入，以加强基础设施建设和公共服务支出，吸引资本进入。因此，要降低地方政府对土地财政的依赖以及弱化土地财政的负向空间效应，须转变以投资驱动的经济增长基本模式，且在“人口红利”减弱和经济全球化背景下，应重点向出口驱动的路径转变。近年来，区域间经济发展差距不断扩大，各地区经济发展模式也逐渐显现出差异，且随着长三角、珠三角等城市群的兴起，全国经济格局发生较大调整，故未来研究需更加细化，应着重考虑区域间、城市间以及城市群间经济发展的差异，以及不同地区土地财政对经济增长影响的差异，为不同地区经济发展模式转型提供更为详尽的参考依据。

参考文献：

[1] 刘志彪.以城市化推动产业转型升级——兼论“土地财政”在转型时期的历史作用[J].学术月刊，2010(10)：65－70.

[2] 唐鹏，周来友，石晓平.地方政府对土地财政依赖的影响因素研究——基于中国1998—2010年的省际面板数据分析[J].资源科学，2014，36(7)：1374－1381.

[3] 张敬岳，张光宏.土地财政对地方经济增长的实证分析[J].统计与决策，2018，514(22)：147－150.

[4] 李勇刚，高波，许春招.晋升激励、土地财政与经济增长的区域差异——基于面板数据联立方程的估计[J].产业经济研究，2013，62(1)：100－110.

[5] 辛波，吴红.基于VAR模型的土地财政与地方经济增长相关性分析[J].统计与决策，2012(22)：119－121.

[6] 葛扬，钱晨.“土地财政”对经济增长的推动作用与转型[J].社会科学研究，2014(1)：28－34.

[7] 杜雪君,黄忠华,吴次芳.中国土地财政与经济增长——基于省际面板数据的分析[J].财贸经济,2009(1):60-64.

[8] 王玉波.土地财政推动经济与城市化作用机理及实证研究[J].南京农业大学学报(社会科学版),2013(3):70-77.

[9] 夏方舟,李洋宇,严金明.产业结构视角下土地财政对经济增长的作用机制——基于城市动态面板数据的系统 GMM 分析[J].经济地理,2014,34(12):85-92.

[10] 唐鹏,郭莉.中国土地财政的区域差异及地方财政转型——基于 287 个地级市的面板数据[J].国土资源科技管理,2019,36(1):106-114.

[11] 于长革."土地财政"路径下经济增长的不确定性及相关政策建议[J].地方财政研究,2012(10):4-8.

[12] 吴士炜,汪小勤.中国土地财政与经济增长关系研究——基于空间杜宾模型实证检验[J].宏观质量研究,2017(3):27-38.

[13] 李勇刚,高波.政治激励机制下的土地财政与经济增长——基于市级面板数据的空间计量分析[J].南京社会科学,2013(12):15-22.

[14] 龚强,王俊,贾珅.财政分权视角下的地方政府债务研究:一个综述[J].经济研究,2011(7):144-156.

[15] 武靖州.地方债务、土地财政与经济增长——基于联立方程模型的实证分析[J].商业研究,2018(8):38-44.

[16] 张玉新.地方政府土地融资风险及其管理[J].中国行政管理,2013(1):89-92.

[17] 徐建国,张勋.中国政府债务的状况、投向和风险分析[J].南方经济,2013(1):14-34.

[18] 张安录,刘炼,曾晨.行政空间邻接与土地财政传导效应——基于武汉城市圈实证分析[J].华中农业大学学报(社会科学版),2018,138(6):129-137.

[19] 范小敏,徐盈之.财政压力、土地出让方式与空间竞争[J].山西财经大学学报,2018,40(11):13-26.

[20] 王华春,刘清杰.土地财政策略互动的经济增长效应检验[J].统计与决策,2016(7):99-103.

[21] 陶然,王瑞明,刘明兴.中国地方财政演变的逻辑与转型[J].中央社会主义学院学报,2018,138(6): 129-137.

[22] TANG P, SHI X P, GAO J L, et al. Demystifying the key for intoxicating land finance in China: An empirical study through the lens of government expenditure[J]. Land Use Policy, 2019, 85:302 - 309.

[23] 王贤彬,张莉,徐现祥.地方政府土地出让、基础设施投资与地方经济增长[J].中国工业经济,2014(7):31 - 43.

[24] 陈志勇,陈莉莉.财税体制变迁、“土地财政”与经济增长[J].财贸经济,2011(12):24 - 30.

[25] 刘守英,蒋省三.土地融资与财政和金融风险——来自东部一个发达地区的个案[J].中国土地科学,2005,19(5):3 - 9.

[26] 胡援成,张文君.地方政府债务扩张与银行信贷风险[J].财经论丛,2012(3):59 - 65.

[27] 牛霖琳,洪智武,陈国进.地方政府债务隐忧及其风险传导——基于国债收益率与城投债利差的分析[J].经济研究,2016(11):87 - 99.

[28] 齐讴歌,白永秀.土地要素资本化和地区差距:“融资效应”与“空间效应”[J].经济问题,2016(3):22 - 29.

[29] 周彬.土地财政、公共服务和地方政府行为[J].山西财经大学学报,2013,35(6):1 - 10.

[30] 薛翠翠,冯广京,张冰松.城镇化建设资金规模及土地财政改革——新型城镇化背景下土地财政代偿机制研究评述[J].中国土地科学,2013(11):90 - 96.

[31] 叶林,吴木銮,高颖玲.土地财政与城市扩张:实证证据及对策研究[J].经济社会体制比较, 2016(2):39 - 47.

[32] 何杨,满燕云.地方政府债务融资的风险控制——基于土地财政视角的分析[J].财贸经济,2012(5):45 - 50.

[33] 陶然,陆曦,苏福兵,等.地区竞争格局演变下的中国转轨:财政激励和发展模式反思[J].经济研究, 2009(7):21 - 33.

[34] 陈建军,周维正.空间视角下的地方政府土地经营策略、竞争机制和中国的城市层级体系——来自中国186个地级市的经验证据[J].中国土地科学,2016(3):4 - 11.

[35] 薛慧光,石晓平,唐鹏.中国式分权与城市土地出让价格的偏离——以长三角地区城市为例[J].资源科学,2013,35(6):1134 - 1142.

[36] 唐鹏,石晓平,曲福田.地方政府竞争与土地财政策略选择[J].资源科学,2014,36(4):702-711.

[37] 王丽娟,毛程连.地方政府间土地优惠竞争关系研究——基于空间自回归模型的实证检验[J].财经论丛(浙江财经大学学报),2012(6):13-19.

Research on the Mechanism and Spatial Effect of Land Finance Affecting Economic Growth

Peng Tang[1], Yao Chen[1], Jun Xiao[2]

(1. School of Public Administration, Sichuan University, Chengdu 610065, China; 2. Guangxi Zhuang Autonomous Region Land and Resources Planning Institute, Nanning 530000, China)

Abstract: This paper aims to explore the mechanism and spatial effect of land finance impacting economic growth, and provide references for decision-making in promoting sustainable and high-quality economic development and transforming local land-based financial competition. The paper constructed the panel data of 31 provincial units in 1999—2016 to conduct empirical analysis with the spatial Dubin model (SDM) based on two research hypotheses. The study found: ① The impact of land finance on economic growth is "inverted U-shaped", indicating that the income improvement effect of land transfer and the government debt delay effect of land financing only positively promote economic growth in the short term, but in the long run is unsustainable. Land finance caused by the scarcity of land resources will have negative impacts on economic growth. ② Land finance has a significant negative spatial impact on economic growth, that is, there is a racing-to-the-bottom effect on land fiscal competition among local governments, which has an adverse impact on regional economic growth.

Key words: land finance; economic growth; mechanism of action; spatial effect

农村产权交易的市场化运作探索
——基于浙江永嘉农村产权交易改革的调研

陈美球，廖彩荣，朱美英，张淑娴

（江西农业大学农村土地资源利用与保护研究中心/江西省鄱阳湖流域农业资源与生态重点实验室，江西　南昌 330045）

摘　要　通过农村产权交易激活沉睡的土地资源，是推进乡村振兴战略的内在需求。浙江省永嘉县引入民营资本，成立了完全由社会资本运行的县级农村产权服务中心，推行农村产权交易的市场化运作，取得了显著成效，成为浙江省26条改革典型经验之一。本文对永嘉农村产权交易改革实践的主要做法、主要成效及市场化运作的关键点进行剖析。结果表明，引入社会资本，依托企业运作，这是发挥市场在农村产权交易中决定性作用的一条有效路径，推进农村产权交易市场化发展，应坚持"专业人做专业事"，强化制度保障，树立企业社会责任和重视提高产权交易的效益。

关键词　农村产权交易；市场化运作；乡村振兴；永嘉实践

一、引　言

作为农村集体产权制度改革的一个重要内容，农村产权交易市场的建设与发展，对推动现代农业转型升级，加强农村集体"三资"管理和发展壮大农村集体经济具有重要意义。面对农村用地要素供给不足与大量土地低效或闲置利用并存的尴尬现象，农村产权交易不仅可以盘活沉睡的土地资源，还能促进劳动力、资金、技术等其他生产要素的优化组合，从而为乡村振兴战略提供强大动力。多年以来，党和国家一直高度重视农村产权交易，以2014年"中央一号"文件为政

收稿日期：2019-9-10

基金项目：国家自然科学基金(71473112，71964016)；国家社会科学基金项目(16BJY112)

作者简介：陈美球(1967—　)，男，江西石城人，博士，教授。主要研究方向：土地资源管理。E-mail：cmq12@263.net。

策切入口，提出了“建立农村产权流转交易市场，加强农村集体资金、资产、资源管理，提高集体经济组织资产运营管理水平，发展壮大农村集体经济”；2015 年 1 月，国务院办公厅印发《关于引导农村产权流转交易市场健康发展的意见》，对农村产权交易市场设立、运行和监管等提出了具体指导意见；2018 年“中央一号”文件明确“推进体制机制创新，强化乡村振兴制度性供给，要以完善产权制度和要素市场化配置为重点，激活主体、激活要素、激活市场”；2019 年“中央一号”文件再次强调，要“健全农村产权流转交易市场，推动农村各类产权流转交易公开规范运行”。基于现实的需求，各地依托各级政府或职能部门，积极成立了具有公益性服务性质的县、乡农村产权交易机构[1]，但这些交易服务机构存在市场主体定位不清晰、市场交易主体参与动力不足等问题，功能单一、效率低下[2]。目前，我国基本完成了农村产权确权工作，也开展了农村集体资产清产核资，完全具备了农村交易的条件，新形势下，加快构建农村产权交易机制，助力乡村振兴战略，显得更加迫切。

近年来，学术界围绕如何提升农村产权交易效果、盘活农村土地资源开展了广泛的研究，研究认为制约农村产权交易的主要因素包括农村产权界定不清、产权不完整[3-4]、市场平台建设不完善、中介机构发展滞后、市场需求难以激活[5-6]、农民财产权利缺失[7]、监管不到位、风险防范和补偿机制不健全[8-11]。并提出了明晰集体资产权属[12]、确权颁证[11]、加强监督[13]、信息发布及时并渠道多样化[14-15]等系列对策建议。不少地方也“因地制宜”地开展了农村产权交易的实践探索，如通过确权、登记农村资产并颁证，建立农村产权交易体系，允许部分农村资产和产权抵押，以及创新农业经营的“武汉模式”[11]；明晰集体资产权属和经济组织成员资格，强化农村集体资产监管权的广东农村产权交易改革[12]；成立监督管理委员会、建立产权交易长效机制、扩大信息覆盖范围及与银行合作创新贷款方式的吉林铁岭市农村综合产权交易做法[13]；以农地抵押融资制度创新推动农村产权交易的“海盐模式”[15]。新形势下，特别是在实施乡村振兴战略，加速农业农村现代化的新阶段，进一步加强规范化建设，建立健全政府引导、市场运行、管理规范、阳光透明的农村产权交易管理服务体系，充分发挥好农村产权交易在促进城乡要素融合、提高农村要素资源配置方面的优势，助力乡村振兴战略，这显得尤为重要，我们既要在理论上求突破，推进理论创新，又需要在实践层面找寻鲜活案例，做好总结示范。

2015 年，浙江省永嘉县引入民营资本，成立了完全由社会资本运行的县农村产权服务中心，探索农村产权交易的市场化运作，取得了显著成效，不仅激活了农村产权交易市场，而且实现了农村资产的保值增值，发展壮大了农村集体经济，为乡村振兴注入了强大动力，成为2018年浙江省26条改革典型经验之一在全省推广。对永嘉农村产权交易改革的深入剖析，可为全国农村产权交易的市场化运作机制的构建提供积极的借鉴经验。

二、浙江永嘉农村产权交易改革的实践

（一）永嘉农村产权交易改革的主要做法

作为国家首批农村改革试验区，浙江温州市组建了农村产权交易管理委员会，设立了市农村产权服务中心，下辖县（市）也相应成立农村产权交易分中心，其中苍南、永嘉、平阳三县探索政府购买社会化服务方式。永嘉县通过竞争评审，采用合同准入和特许经营的法律形式，授权温州嘉诚拍卖行组建了该县农村产权服务中心，该中心创新做法在于引入民营资本参与农村产权交易市场建设，以市场化运作为全县农村产权依法流转交易提供一站式服务平台，其主要做法可归纳为以下几点。

1. 组建专业队伍，实现专业人做专业事

温州嘉诚拍卖行通过与政府达成协议，承担组建永嘉县农村产权服务中心任务后，吸纳了温州市汇丰拍卖、佳得拍卖、产权交易拍卖、永佳拍卖、国信拍卖等5家拍卖公司，诚安房地产评估、金土地房地产评估等2家评估公司，并与嘉瑞成律师事务所、浙合律师事务所建立合作关系，使得中心的工作人员具备了拍卖、法律、评估、金融等专业知识，拥有相应的专业从业资质，从而为产权交易过程中的资产评估、交易拍卖和法律服务等关键业务，提供了扎实的专业基础保障，组建了一支专业队伍，实现了专业人做专业事。不仅在农村产权交易中的调查取证、资产评估、信息公开、交易运作等具体环节上都实现专业操作，规范运行，还对买卖合同、租赁合同等交易文本制作了标准文本，最大限度地消除了由产权交易不规范引发的交易风险隐患。

2. 多方联动协同，构建农村产权交易新机制

永嘉县农村产权服务中心成立后，通过明确农村产权交易相关主体的职责，并形成多方联动协同机制。在多方协同采集农村资金、资产、资源等“三资”信息基础上，开展“清产核资”，实行属地乡镇（街道）、中介机构、村两委的“三堂会

审”,并建立了县农村产权服务中心与各乡镇(街道)村账代理中心的信息共享系统。中心全程提供“清产核资、价值评估、交易运作”的“一站式服务”,政府出台文件规定农村集体资产依法转包、租赁、转让、入股、互换或者其他方式交易的,应在农村产权服务中心及其分机构进行;鼓励农村个人产权在农村产权服务机构进行,从而实现渠道的归口和单一管理,实现效率最大化。

3. 完善相关制度,规范企业运行行为

在国务院办公厅《关于引导农村产权流转交易市场健康发展的意见》(国办发[2014]71号)、《浙江省农村集体资产管理条例》以及《温州市村股份经济合作社经营性资产交易行为规范(试行)》等农村产权交易法律法规和政策指引下,永嘉县成立了农村产权交易管理委员会,制定了《永嘉县农村产权交易实施办法(试行)》,对业务、交易范围以及程序、争议处理和法律责任等方面进行制度设计,严格规范企业在农村集体产权交易中的各种行为。特别是在交易流程中,严格明确规定农村集体产权转让前,必须经本集体经济组织成员(代表)大会讨论通过,形成决议后,采取协议、竞价、拍卖、招标等方式进行交易,保证各个环节公平、公正、公开。完善的制度建设,不仅规范了农村产权交易行为,增加了社会的透明度,更为企业运作划定了红线,确定了遵循的基本原则,确保了农村产权交易沿着正确的轨道前行。

4. 承担社会责任,树立社会公信力

作为民营资本运营的产权交易市场主体,该农村产权服务中心,以集体经营性资产入场交易为主营业务,以收取一定比例的佣金来维持企业的生存与发展,但并不完全专注于营利,反而是通过承担大量的公益事务,来赢得社会信誉。一方面,对耕地、林地的土地承包经营权流转交易提供全免费的公益服务,其依托温州市产权交易服务平台,建立全县乃至全市的数据库,为流转双方牵线搭桥,多年来成功帮助流转了7954亩耕地、7111亩林地;另一方面,积极接洽金融机构,以耕地和林地承包经营权作为担保,免费提供交易鉴证服务,帮助交易方获得银行金融支持。如2016年1月三江街道行禅村541亩土地流转,该中心协助流转受让方与农信担保公司对接,凭中心出具的农村产权《交易鉴证书》,成功为浙江“三五早”农业开发公司获得150万元贷款。

5. 勇于探索创新,提升产权交易效益

一是积极探索“互联网+村集体经营性资产公开处置”交易。率先试水淘宝网公开竞价,在淘宝上注册了全国第一家农村产权交易平台,形成了“标的资产调研＋潜在市场路演＋线上线下宣传＋网络公开竞拍”交易模式。充分发挥互联网交易高效、快捷、公平、公开等优势特点，实现交易信息更快、更广范围地传播，大大提升了溢价率；有效防止围标和串标，实现交易的公平公正。比如，东城街道浦口村城南锦苑 15 间商业用房转让，通过淘宝网资产交易平台全部成功交易，其中的一间商业用房起始价 64.788 万元，成交价 190.288 万元，溢价率达 193.7%。二是创新开拓“三产安置房”处置业务。“三产安置房”是温州市在土地征用过程中的历史遗留问题，其主要是在政府征地后按征地面积返还 30%的建设指标给被征地方，用于发展第三产业，安置闲置农民劳动力，但“三产安置房”的资金筹措、建造、分配、租赁等一系列过程都较为烦琐，村集体难以自主完成，常常在前期项目审批、建房集资、房屋建筑质量监管等方面受阻，烂尾楼现象严重。永嘉县农村产权服务中心充分发挥专业优势，作为第三方，为其提供全程代理服务，量身定制安置房认购方案，对安置房确权前的产权交易进行规划管理，有效地解决了前期指标拼凑、集资、安置房分配、房屋租赁合同不规范、安置房商业部分的招商引资等问题，取得了良好效果，盘活了沉睡多年的村集体资产，发展壮大了村集体经济。比如针对瓯北街道塘头村三产安置房建设项目，中心介入后，量身定做一揽子解决方案，精准制订个性化的竞价方案，帮助筹集资金 2 亿元，使停工近 5 年之久的项目重新启动施工，现已建设完成处于竣工验收阶段。

（二）永嘉农村产权交易改革的主要成效

永嘉县农村产权服务中心目前已形成“以耕地、林地承包经营权流转交易鉴证为公益服务，集体经营性资产入市交易为主营业务，三产安置房全过程代理为特色”的业务体系，在促进和规范全县农村产权交易上发挥了关键作用，有效地破解了农村产权交易缺乏场所“去不了”、私下交易“看不到”、缺乏标准“管不好”等系列难题。至 2018 年年底，永嘉县农村产权交易服务中心共成交 1141 宗，成交金额达 11.9 亿元，实现了“村集体经济壮大、企业高兴、政府满意、村民受益”的多主体共赢。

1. 培育农村产权交易市场，盘活了农村土地资源

一是规避以往农村产权交易的乱象。由于农村土地产权交易市场发育长期滞后，形成了被人情世故所影响的交易乱象，交易时偏向亲戚熟人，结果往往损害了集体资产利益，农村产权服务中心通过公平、公正、公开的运作，特别是采取底价密封式竞价等创新交易模式，有效防止了低价交易等暗箱操作行为，有效避

免了村集体资产流失，维护了农民合法权益。二是有效地避免产权交易纠纷。由交易不规范而引发的农村产权纠纷是常见现象，特别是签订的租赁合同往往存在漏洞进而违约。现在规范交易过程中，须承租方支付一定保证金，一旦承租方违约，就可以按照合同规定保障租赁方的权益。三是最大限度地体现了农村产权的市场价值。通过拍卖，特别是网上“背靠背”的报价，最大限制地运用价值竞争机制，实现了农村产权的市场价值。2015 年至 2018 年期间，永嘉县村集体资产的平均溢价率为 26%，2018 年引入淘宝网公开竞拍后溢价率达到 33%。

2. 压缩村干部寻租空间，营造了良好的乡村治理氛围

一方面，农村产权的阳光交易成为遏制农村基层腐败行为的一把利器。农村集体产权交易是农村基层腐败高发区，如今将村集体资产交易交给农村产权服务中心运作，中心的规范和公开透明流程，有效防止了农村基层干部利用职务便利牟利的行为，压缩了村干部寻租空间。另一方面，有利于维护村干部的廉洁形象，营造良好的乡村治理氛围。村干部借助平台规范阳光的交易，更加获得村民的支持和信任，能放下工作包袱，大胆地开展农村产权交易，促进农村土地资产激活变现。现在，在永嘉县不进入服务中心的农村产权交易，都被视为其中存在猫腻，也反向推动了县农村产权交易服务中心的建设发展。

3. 显化农村资产，实现了集体资产的增值保值

一是农村巨大的资产得到显化。有效的工作机制，成功地激活了农村长年“沉睡”的资本。如桥下镇下斜村集体有一台挖掘机废弃多年，通过县农村产权服务中心发布信息，公开交易，以 21.2 万元成交，实现了资产的变现。二是运用市场手段实现了农村集体资产的增值保值。如瓯北街道新桥村新桥大厦二楼六年租赁权，村集体自估交易的租金大概为 60 万元/年，农村产权服务中心实地介入后，找出亮点，充分发掘地域所在的教育资源，通过定向宣传等措施，特别是与培训机构有效沟通等，经淘宝网线上公开竞价，以 162 万元/年的价格成交，溢价率高达 170%，有效实现了集体资产增值保值权益。村两委及村民获得实际收益后，对中心商业化运作农村集体产权交易及充分公开竞价的成效交口称赞，主动向中心递交本村集体其他经营性资产的入场申请。

4. 壮大村集体经济，增强了村集体组织能力

农村集体资产显化后为村集体流入了资金，壮大了村集体经济，村集体拥有更加殷实的经济实力后，组织能力更强了，能更好地服务村民。南城街道中西村 2000 m^2 综合楼出租，租金起始价为 37 万元/年，通过淘宝网公开交易，以 68.4

万元/年的价格成交,同时根据村集体具体需求及周边环境考量,限定综合楼一楼须作为农贸市场功能招商,为村民的生活提供便利。在为村集体取得收益的同时,村民的日常生活和周边配套也更加便利。又如瓯北街道塘头村,村集体在建造三产安置房时,因资金链断裂而导致烂尾,造成了村集体几百万的亏损,在农村产权服务中心全程代理下,顺利将三产安置房竣工,并以公开竞价的形式为安置户分配安置房。同时,因为该村的安置房位置好质量佳,且安置户普遍经济条件较好,中心还创新地将安置房的"择位权"作为分配安置的因素考量,最后不仅实现了公开公平地完成安置,并使村集体额外获得1800多万元的"择位"收益,还为该村二期安置房建造提供了资金保障。

5. 推动土地流转,促进了农业现代化

信息不对称是当前制约农村土地流转的主要瓶颈,永嘉县农村产权服务中心利用自身平台整合大数据的优势,免费为社会提供土地流转信息,推动了土地流转,多年来成功帮助流转了7954亩耕地、7111亩林地,促进了农业现代化。如今,耕地经营权的流转,促进了休闲观光农业、设施农业、精品农业等多种形式的农业适度规模经营,特别是推进了省级田园综合体创建试点建设;林地经营权的流转,则有力地推进了永嘉县作为省级森林休闲养生试点县的建设,实现了由传统林业"砍卖树木"为产出向现代休闲养生业"赏林木"为产出的转变。

6. 破解"三产安置房"难题,提升了资源利用效率

对于村集体经济和被征地农民都是利好的"三产安置房"政策,由于村集体缺乏开发利用能力,反而成为当地的"烫手山芋"。永嘉县农村产权服务中心全程代理服务后,推行"四统一"服务模式,即统一制订安置环节规范文本、统一竞价分配三产安置房的"房源+择位权"指标、统一颁发三产安置房的认购权证、统一管理每套安置房的认购档案,用专业的队伍进行策划、开发、运作,同时,积极与金融机构沟通,针对"三产安置房"开发了专门的"农信贷",实现了"三产安置房"与金融的嫁接,成功破解了长期困扰当地的"三产安置房"难题。至2018年年底,农村产权服务中心代理了7个村20.2万平方米的"三产安置房"开发,从而使这些村停滞的安置房项目得以重新启动。

三、农村产权交易市场化运作的关键点分析

永嘉农村产权交易改革探索,不仅解决了农村产权交易中市场主体定位不

清晰、市场交易主体参与动力不足等现实问题，而且开拓了农村产权潜在市场，实现了农村资产的保值增值，通过规范农村产权配置，依据市场规则、市场价格、市场竞争实现了效益最大化和效率最优化。充分证明了在农村产权交易中，同样要遵循市场经济规律，发挥市场在配置中的决定性作用，而引入社会资本的企业运作是实现市场在农村产权交易中决定性作用的有效路径。一方面，企业为了生存，不得不全力开发市场。如永嘉县产权服务中心在前期投入了大量人力财力开拓市场，走遍全县80%的村庄，对具有市场需求的村庄进行了摸底调查，尽可能全面了解县域农村交易的潜力与需求。另一方面，企业为了追求效益，存在追求产权交易利益最大化、资源配置效益最优化的本能动力。永嘉县通过县产权服务中心成功交易，实现村集体资产平均溢价率达到26%，就是最好的佐证。但是，农村产权毕竟与一般商品交易对象存在很大的不同，其农村集体所有制的产权属性、资产空间分散、资源禀赋差异大等特征，对引入社会资本的市场化运作提出了特定的要求。通过对永嘉农村产权交易改革的剖析，可以发现，农村产权交易市场化运作应把握好几个关键点。

1. 政府扶持是农村产权交易市场化建设的基础保障

农村产权交易所涉及的绝大多数是土地、房屋等不动产，其实质并不是实物交易，而是权益的转移，不仅政策性强，且具有涉及面广、敏感度高、影响面大等特征，在缺乏政府政策保障的前提下，各方都持谨慎态度。在永嘉县产权服务中心成立之初，县政府及相关部门并未出台相应的政策文件，工作开展举步维艰，村集体存在种种顾虑，担心交易风险。而随着《永嘉县农村产权交易实施办法(试行)》等文件相继出台，在交易平台建设、交易范围与程序、争议处理、监督机构等方面作出了明确规定，同时政府把原来的政务服务大厅，安排给县产权服务中心作为办公场所，进一步增强了公众对服务中心的信任度，交易市场显著活跃起来。因此，政府及时跟进，在农村产权交易规则、交易流程、产权使用政策、资产评估、合同鉴证、纠纷调解仲裁等方面作出明确规定，这是确保农村产权交易规范运行必不可少的政府扶持。

2. 市场开拓是培育农村产权交易活力的关键抓手

市场活力是市场可持续健康发展的根本，农村产权交易市场的兴旺同样离不开市场活力，而市场活力取决于市场的开拓。鉴于农村产权这一交易对象的特殊性，如何不断创新开拓市场来培育市场活力是核心所在。永嘉县产权服务中心在对标的资产充分调研的基础上，深入分析各种潜在市场需求，找出影响产权市场价值的主要因素，并进行相应的包装、宣传，从而最大限度地开拓市场。留地安置处置业务开发也是永嘉县产权服务中心一项成功的市场开拓。留地安置本是各地在征地补偿安置中的一个创新，即政府在征收土地时，根据征收规模，按一定比例将部分农转用土地直接安排给被征地的农村集体经济组织或农民经营、使用，鼓励和扶持其兴办产业，为失地农民带来长期稳定的收益，从而解决了其长远生计问题。但村集体由于缺乏对安置用地开发利用的能力，在指标拼凑、项目报批、资金筹集、房屋分配、上市交易、资产经营等诸多方面遇到种种实际困难，留下了指标浪费、烂尾楼、开发品位低、经营失败等一系列后遗症，难以取得实效。永嘉县产权服务中心提供全程代理服务，量身定制开发方案，成功解决了留地安置的种种问题，取得了各方满意的成效，既让老百姓受益，又发展壮大了集体经济。

3. 现代信息技术的应用是提升农村产权市场价值的重要手段

信息是影响市场效率的一个关键因素，对于分布广、信息细碎、资源禀赋差异大的农村产权，信息的重要性更加突显，而供需双方的信息不对称正是目前制约农村产权交易市场发育的一个主要因素。公开透明、真实完整的信息，不仅能使所有潜在交易方获取标的农村产权信息的机会均等，保证潜在交易方在公开、公平、公正的阳光市场中进行交易，而且信息的扩散可增加潜在交易方，以更加充分的竞争实现产权的市场价值最大化，而现代信息技术为农村产权信息的公开与充分扩散提供了手段。永嘉县农村产权服务中心正是充分运用了现代信息技术，通过线上线下的广泛宣传，借助互联网络进行公开竞拍，特别是成为全国首家入驻淘宝交易所版块的农村产权交易机构，实现了交易产权的市场价值最大化。

四、主要研究结论

完善产权制度和要素市场化配置是我国社会主义市场经济体制改革的一项重点内容，2019 年中央一号文件也明确提出要“健全农村产权流转交易市场，推动农村各类产权流转交易公开规范运行”。永嘉农村产权交易的改革对推进农村产权交易市场建设具有积极的参考价值。

一是引入社会资本的企业运作是实现市场在农村产权交易中决定性作用的有效路径。永嘉农村产权交易改革最大的特点，就是引入了社会资本，以企业的市场化运作建设农村产权交易市场，充分发挥了民营经济的市场敏感性、主观能动性和产品创造力，同时也减轻了当地的财政压力。

二是坚持“专业人做专业事”。农村产权交易不是简单的交易双方的谈判协商，而是涉及产权的确定、资产的评估、交易行为的规范、资产合理利用的后期监管等诸多内容，且专业性、政策性很强。永嘉县产权服务中心的运作之所以成功，一个很重要的经验就是，组建了由评估、拍卖、律师等组成的专业队伍，并延伸金融服务，实现了“专业人做专业事”。

三是完善的配套政策是基本保障。农村产权交易并不是实物交易，而是权益的转移，且交易对象分布广、信息细碎、资源禀赋差异大，并具有农村集体所有的制度属性，是相对复杂的标的物，在交易中涉及面广、敏感度高、影响面大，离不开政府的支持，政府应制定完善的配套政策，在规范农村产权交易行为、强化企业自律的同时，也要支持企业获得足够的公信力。

参考文献：

[1] 叶兴庆，张云华，伍振军.农村产权流转交易市场：现状与问题[J].中国农村金融，2015(02)：35－39.

[2] 王德福.农村产权交易市场的运行困境与完善路径[J].中州学刊，2015(11)：49－53.

[3] 涂圣伟.新型城镇化建设背景下我国农村产权制度改革研究[J].经济纵横，2017(07)：40－46.

[4] 符刚，陈文宽，李思遥，等.推进我国农村资源产权市场化的困境与路径选择[J].农业经济问题，2016，37(11)：14－23.

[5] 李雪松，李婷婷，张雨迪.中部地区农村产权交易平台交易指数的测算[J].统计与决策，2017(11)：101－104.

[6] 程欣炜，林乐芬.农村产权市场化创新机制效应分析——来自全国农村改革试验区东海农村产权交易所的实践模式[J].华东经济管理，2014，28(09)：7－13.

[7] 徐元明，徐志明，蒋金泉.深化农村产权制度改革赋予农民更多财产权利[J].现代经济探讨，2015(09)：52－56.

[8] 卢新海，望萌.农用地流转的武汉模式研究——基于武汉农村综合产权交易所的启示[J].农林经济管理学报，2014，13(03)：244－251.

[9] 文枫,鲁春阳.现行土地产权制度下农村集体建设用地流转的实现路径——兼论重庆市农村土地交易市场的问题与对策[J].江苏农业科学,2016,44(11):513-516.

[10] 李树超,丁慧媛.农村土地产权交易平台建设的必要性、问题及对策分析[J].江苏农业科学,2016,44(02):1-4.

[11] 刘俊杰,张龙耀,吴比.农村产权制度改革的金融市场效应分析:武汉案例调查报告[J].经济体制改革,2015(03):82-87.

[12] 蒋红军,肖滨.重构乡村治理创新的经济基础——广东农村产权改革的一个理论解释[J].四川大学学报(哲学社会科学版),2017(04):13-21.

[13] 赵敏,陈延宏.辽宁省首家市级农村综合产权交易市场建设的探索与思考[J].农业经济,2017(11):122-124.

[14] 范永俊.农村产权制度改革的德·索托效应研究——以武汉市黄陂区李集街为例[J].学海,2016(06):54-59.

[15] 张树锋,安海燕.产权交易市场完善条件下的农地抵押贷款模式及效果研究——以嘉兴市海盐县为例[J].中国农业资源与区划,2016,37(05):135-142.

Exploration on Market Operation of Rural Property Rights Trading—Based on the Reform of Rural Property Rights Transaction in Yongjia, Zhejiang Province

Meiqiu Chen, Cairong Liao, Meiying Zhu, Shuxian Zhang

(The Research Center on Rural Land Resources Use and Protection, Jiangxi Agriculture University/The Key Laboratory of Poyang Lake Basin Agricultural Resources and Ecology, Nanchang 330045, China)

Abstract: Activating land resource through rural property rights transaction is the inherent demand of promoting rural revitalization strategy. Against the backdrop, private capital had been introduced to establish a county rural property rights service center in Yongjia county, Zhejiang province. This market-oriented operation of rural property rights transactions had achieved remarkable results and became one of the 26 typical experiences of Zhejiang province's reform. The paper analyzed the practice and effect of the Yongjia countryside property right transaction reform. Results show that the introduction of social capital and reliance on the enterprise operation played a decisive role in rural property rights trading market, which proves to be an effective pathway to implement the development of rural property rights trading market reform. This also adheres to the four principles of "professional people doing professional work", strengthening the institutional guarantee, establishing corporate social responsibility and improving the efficiency of the property rights trading.

Key words: rural property rights transaction; market-oriented operation; rural revitalization; Yongjia practice

城乡一体化中农民工的劳动社会保障与土地承包权益问题研究

陈会广[1,2]，卢　婞[1]，刘忠原[3]

（1. 南京农业大学公共管理学院，江苏　南京 210095；
2. 南京农业大学农村产权与集体经济组织研究中心，江苏　南京 210095；
3. University of Georgia, Griffin, GA 30223 - 1797）

摘　要　农民工问题是农民问题乃至三农问题在城乡二元格局下由乡村向城镇的衍生，突出表现为农民工难以享有与城镇居民平等的基本权益。城乡居民享有平等的基本权益，是实现城乡一体化和融合发展的前提，也是推进农民工市民化的关键。本研究以江苏省城乡一体化为背景，针对 2010 年在宁务工人员的工作状况、家庭土地处置、土地承包权益保障情况调研收集的有效问卷 1062 份，将调查结果放在江苏省与南京市城乡一体化发展的现实中进行考察，并与全国《2010 年农民工监测报告》进行比较，发现：(1) 城乡差距仍然是城乡一体化发展的突出问题。缩小城乡收入差距，实现城乡居民收入均衡化，任重道远。而且，农民工的工资待遇与城市居民相比，存在严重失衡和事实上的不平等，正在城镇内部形成新二元格局，影响农民工市民化的推进。(2) 与全国层面的调查数据比较，南京市农民工务工状况并不容乐观。受访农民工的文化程度以初、高中为主，建筑业和制造业仍然是其主要就业领域，他们就业不稳定、工资待遇低下、融入城市的物质资本匮乏，致使农民工在城乡之间钟摆式转移。(3) 农民工在劳动社会关系保护上处于弱势地位，被拖欠工资的农民工主要还是集中在建筑业（占 27.16%）和制造业（占 30.16%），劳动合同签订比例不高（仅占

收稿日期：2019 - 6 - 20

基金项目：国家自然科学基金（71573131），国家社会科学基金重点项目（18AZD023），国家自然科学基金（71173113），中央高校基本科研业务费人文社会科学研究基金项目（SKZZ2017005、SKCX2015006），江苏省社科应用研究精品工程课题（18SYB - 026），中央农办农业农村部乡村振兴专家咨询委员会软科学课题（201932）

作者简介：陈会广（1972—　），男，山东莒南人，南京农业大学公共管理学院教授，博士生导师。主要研究方向为土地制度与法学、农业（土地）经济理论与政策。E-mail：chenhuiguang@njau.edu.cn.

20.27%);社会保障体系难以覆盖,参保比例低于20%;劳动政策与社会保障的协同治理不到位,离劳动关系与社会保障对其市民化的托底还有很大距离。这种依靠非均等化基本公共服务压低成本推动城镇化快速发展的模式注定不可持续。(4)农民工在面临上述不利的局面下,对城市生活与工作并没有一个稳定的预期,保有土地成为其规避失业风险与防御生存威胁的重要策略。土地带来的租金收益以及补贴等转移性收入可以提升农民工的整体社会福利水平,弥补城乡社会保障的不足。上述调查结果反映到政策改革上:应逐步完善农村社会保障体系并实现与城镇社会保障体系并轨,从而推动城乡统一的社会保障体系建设,为农民工市民化织密社会安全网,消除农民工不平等的体制障碍。建立农村劳动力转移就业扶持机制,加快推进户籍制度改革,保障农民工享有与市民平等的基本权益。在城乡一体化中,只要户籍、城镇社会保障仍然是农民工市民化的障碍,那么稳定农民工对土地承包关系长久不变的预期至关重要,保障农民工土地权利有社会稳定之意义。

关键词　城乡一体化;农民工;劳动关系;就业;社会保障;土地承包权益

一、引　言

1949年以来很长的一段时间内,中国实行了"以农支工"、"以乡养城"的城市偏向型发展战略。重城轻乡的结果是,城乡差距和城乡割裂进一步加剧,城乡经济社会二元结构的格局进一步固化。随着对城乡发展规律的认识逐步深化,党和国家提出了一系列战略举措以破解城乡二元结构难题:中共十六大"统筹城乡经济社会发展",十七大"形成城乡经济社会发展一体化新格局",十八大"推动城乡发展一体化",十九大"建立健全城乡融合发展体制机制和政策体系"。城乡关系从城乡割裂,到城乡统筹,再到城乡一体化,一直到城乡融合的演进过程,江苏省作为中国东部沿海发达经济地区为此提供了最佳的观察样本之一。2010年江苏在全省"十二五"规划中确立了城乡发展一体化战略和目标,自此以来江苏在城乡一体化体制机制改革和政策体系建设方面积累了丰富的经验。

人口是城乡一体化、城乡融合最为鲜活的要素①。而流动人口享有与城镇

① 人口和劳动力的流动,是20世纪80年代中期以来各界关注的社会现象[1]。农民工进城务工经商,形成了有史以来和平时期最庞大的人口流动[2-3]。

居民平等的基本权益,则是实现城乡一体化和融合发展的前提①。由于长期受到城乡二元制度的影响,农民工不能享有与城市居民等同的待遇,与城市居民相比,其享有的劳动社会保障存在严重失衡,只能成为"漂移社会的流民"[10]。农民工在城市中争取市民化待遇的公民权,实现由"生存—经济"走向"身份—政治"的承认,还面临着许多制度、政策与体制的藩篱[7-9]。农民工市民化进程与城乡一体化发展密不可分,江苏省要实现全省范围内的城乡一体化,推进农民工市民化则是应有之义。

农民工问题是农民问题乃至三农问题在城乡二元格局下由乡村向城镇的衍生。故此,土地于农民工而言,是他们在城镇安身立命的本钱之一,可以保障他们的收入多元化。保障农民工的土地承包权益,对和谐城乡关系仍有不替代的作用。为此,南京农业大学农民工研究团队 2010 年组织了"城乡一体化农民工土地承包权益保护研究"课题调研。该调研以江苏省城乡一体化为背景,以南京市为调研地点,针对在宁务工人员的工作状况、家庭土地处置、土地承包权益保障情况进行直接而深入的访谈,收集有效问卷 1062 份。本研究在此调研基础上,将调查结果放在江苏省与南京市城乡一体化发展的现实中进行考察,从农民工在宁务工的状况、劳动待遇,到他们与城镇居民的收入差距、收入不平等,分析其劳动社会保障存在问题,显化土地承包权益对化解上述一系列不平等问题的作用,从而提出加强农民工土地承包权益保障和劳动社会保障的对策建议,让农民工获得与城镇居民平等的发展机遇与权利。

二、江苏省与南京市的城乡一体化发展现状

乡镇企业和乡村工业化推动了江苏省城镇化的发展,为 2010 年在全省"十二五"规划中确立城乡发展一体化战略奠定了良好的基础。同年,南京市发布了《关于加快推进全域统筹建设城乡一体化发展的新南京行动纲要》(宁委发[2010]29 号),提出了实现城乡规划一体化、产业发展一体化、基础设施一体化、要素配置一体化、公共服务一体化的目标。包括南京市在内的江苏全省统筹城

① 郑新立曾说过,"城乡居民基本权益均等化是实现城乡一体化发展的前提"。[4]就流动人口的主体——农民工而言,农民工市民化实质上是公共服务均等化的过程[5]。当前农民工面临的突出问题之一就是他们基本享受不到城市政府提供的公共服务[6]。按 Solinger、苏黛瑞、王小章等的说法,这也就是农民工在城市中争取公民权的过程。[7-9]

乡发展起步较早，已初步形成了一条符合自身经济社会发展水平、有较强操作性的实施路径和方法。但在城乡居民人均可支配收入的关键指标上，与全国一样，城乡差距仍然是城乡一体化发展的突出问题；与全国相比，江苏省、南京市城乡收入比低(具体见表 1 和图 1)。

表 1　2010—2017 年城乡居民人均可支配收入　(元/年)

年份		2010	2011	2012	2013	2014	2015	2016	2017
全国	城市	19109	21810	21986	26955	28844	31195	33616	36396
	农村	5919	7917	8896	9430	10489	11422	12363	13432
江苏省	城市	22944	26341	29677	32538	34346	37173	40152	43622
	农村	9118	10805	12202	13521	14958	16257	17606	19158
南京市	城市	28312	32200	36322	39881	42568	46104	49997	54538
	农村	11128	13108	14786	16531	17661	19483	21156	23133

数据来源:《中国统计年鉴》(2011—2018)、《江苏省统计年鉴》(2011—2018)、《南京统计年鉴》(2011—2018)等历年年鉴。

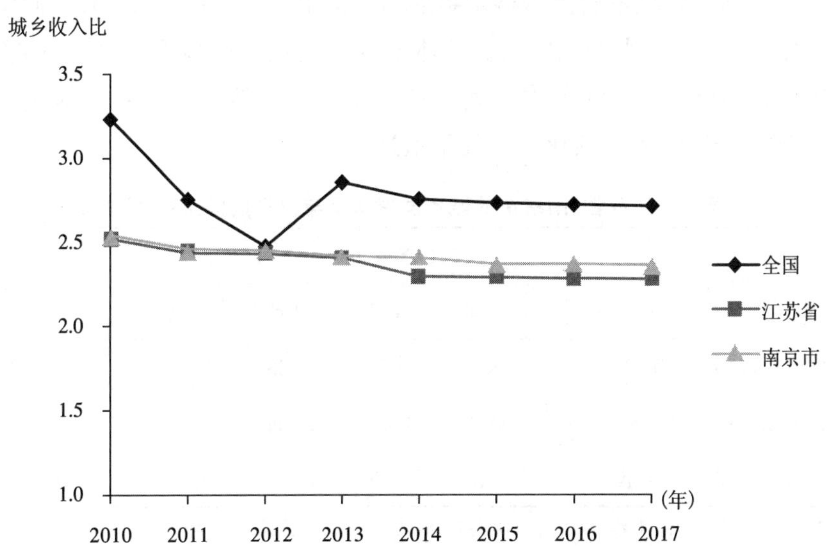

图 1　2010—2017 年全国、江苏、南京城乡收入比

自 2010 年城乡一体化战略提出以来，南京市城乡居民收入与江苏省、全国平均水平的变动方向一致(如表 1 所示)。城乡居民收入都保持持续增长的趋势,城乡居民收入显著提高。并且,农民收入实际增长率高于城镇居民收入。截至2017年,南京市、江苏省、全国的农村居民人均可支配收入比2010年分别增长108%、110%、127%,城镇居民人均可支配收入的增长速度分别为92.6%、90.5%、90.5%,农村居民的人均可支配收入增幅已超过城镇居民。

南京市城乡居民收入差距与江苏省、全国平均水平相比,大致呈现同方向的变动趋势,整体呈缓慢下降趋势。其中,南京市与江苏省走向吻合度较高,城乡收入比远低于全国平均水平。对比图表也容易看出,南京市城乡收入水平虽然远超江苏省乃至全国,但是城乡居民人均可支配收入差距并没有随着城乡收入水平提高而趋于缓解,与江苏省平均水平相比,收入差距问题甚至更加明显。

实现城乡居民收入均衡化,是建立城乡一体化发展体制机制的核心[4]。长期以来中国城乡居民收入不平衡增长,城乡差距并没有随着收入增长而消弭。结合江苏省城乡发展一体化战略2020年的目标值,对城乡收入比以及代表生活水平的城乡恩格尔系数值进行比较(见表2),可以发现:江苏全省城乡收入比由2010年2.52降为2017年的2.28,南京市城乡收入比由2010年2.54降为2017年的2.36;江苏全省城乡居民恩格尔系数的差值由1.60%降为1.40%,而南京市的差值则由1.20%扩大到3.80%。总体上城乡差距在逐步缩小,但是尚未达到2020年设定的目标值。江苏省与南京市城乡关系依然处于城乡一体化发展阶段,实现城乡居民收入均衡化仍然任重道远。

表2 江苏省、南京市的城乡发展水平与检测指标体系对照

指标	2010年		2017年		2020年目标值
	江苏	南京	江苏	南京	
城乡收入比(以农民为1)	2.52	2.54	2.28	2.36	<2.2
农村居民家庭恩格尔系数(%)	38.10	36.70	28.90	29.10	<22
城市居民家庭恩格尔系数(%)	36.50	35.50	27.50	25.30	<22

数据来源:《江苏统计年鉴2011》、《江苏统计年鉴2018》、《南京统计年鉴2011》、《南京统计年鉴2018》,城乡收入比根据上述年鉴的城乡居民人均可支配收入测算;2020年目标值来自《江苏省新型城镇化和城乡一体化总体规划(2014—2020年)》。

而且出人意料的是,南京市位列苏南现代化建设示范区,竟在城乡居民收入均衡化关键指标上与全省城乡一体化发展水平有一定的差距。因而,促进城乡经济协调发展，缩小城乡收入差距，实现城乡居民收入均衡化，是今后南京市经济和社会长远发展的关键任务。

三、城乡一体化中农民工务工状况及其与南京市居民的收入比较

农村劳动力转移，已成为推动我国工业化、城市化进程的重要力量[11]。但在城乡一体化发展进程中，由于体制等原因，大部分农民工还不能与城市居民享受相同的合法身份、社会福利、社会权利[12]，使得他们处在产业的边缘、城乡的边缘、体制的边缘[13]，难以实现市民化。城乡收入不均衡的根源可能在于农民工难以享有与城镇居民平等的基本权益。因此，农民工市民化，对缩小城乡收入差距有重要作用[12]，对城乡一体化目标实现意义重大。本节主要分析城乡一体化中农民工务工状况，并与南京市居民的收入进行比较。

（一）调查对象的基本情况

被调查的 1062 个农民工家庭平均人口 3.93 人，年人均纯收入为 6244 元。调查对象中男性占到 73.14%，女性占到 26.86%，男女比例为 2.72∶1，这与全国《2010 年农民工监测报告》（以下简称《2010 监测报告》）显示的男女比例 1.87∶1① 相比，本次调查受访对象男性居多。[11]受访农民工平均年龄为 40.28 岁，主要集中在 41～50 岁，占 39.74%，其次是 31～40 岁，占比 26.08%。《2010 监测报告》中农民工以青壮年为主，35.9%集中在 21～30 岁，31～40 岁占 23.5%，41～50 岁仅占 21.2%，平均年龄 32.83 岁。受访农民工比《2010 监测报告》全国样本整体年龄偏大。文化程度以初、高中为主，比例占总数的 62.52%，普遍文化程度不高；《2010 监测报告》中 76.2%农民工的文化程度集中在初、高中，情况要好一些。

调查对象来自安徽等 22 个省份。来自邻省安徽 394 人，达到 37.10%；来自江苏省内的农民工 376 人，其中来自南京本市的仅 43 人，江苏本省比例为 35.40%；来自河南省 104 人，约占 9.79%。按东中西部以及东北地区的跨地区迁移汇总 22 个省份的信息具体见表 3。有半数以上的农民工来自中部地区。

① 在《2010 监测报告》中，男性农民工占 65.1%，女性占 34.9%，据此测算男女比例。其他引用数据未做改动。

表 3 2010 年农民工流出地、跨地区迁移情况

迁移方向	具体省份	人数	百分比(%)
东部地区到南京	江苏、山东、河北、浙江、福建、广东(6 省)	425	40.02
中部地区到南京	安徽、河南、湖北、湖南、江西、山西(6 省)	572	53.86
西部地区到南京	四川、贵州、陕西、云南、甘肃、广西、重庆、内蒙古(8 省区市)	59	5.56
东北地区到南京	辽宁、吉林(2 省)	6	0.56

注:1. 国家统计局将我国的经济区域划分为东部、中部、西部和东北四大地区,本文将按此方式划分的数据进行汇总;2. 具体省份按人数多少排序。

(二)建筑业和制造业仍然是农民工的主要就业领域

在农民工对就业行业作出回答的 755 份问卷中,职业构成总体上分为二产和三产两种类型。其中,二产包括建筑业、制造业等,三产包括服务业、批发零售业、交通运输仓储邮政业、住宿餐饮业等。从图 2 可以看出,受访者的就业行业分布主要集中在建筑业、交通运输仓储邮政业以及制造业。这与《2010 监测报告》中农民工仍以从事制造业、建筑业和服务业为主的报道基本一致[11]。农村剩余劳动力向城市二产、三产转移基本迎合了南京市产业发展的劳动力需求,为城乡一体化发展提供了劳动要素支持,对南京市产业结构的升级、城镇化的发展以及农民工市民化资本积累意义重大。

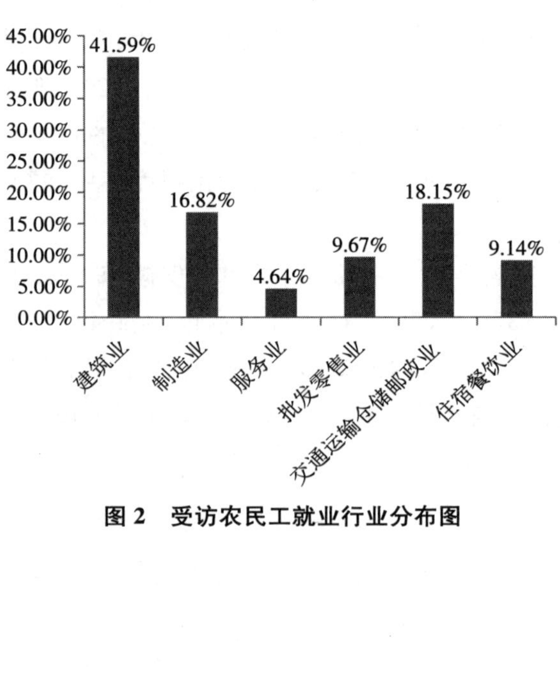

图 2 受访农民工就业行业分布图

（三）农民工就业整体上缺乏稳定性

在1056个有效样本①中，受访对象在南京务工年数均值为9年②，其中务工时间最久为35年。如表4所示，超过七成的农民工在南京的务工年数在10年及以下，且近三分之一务工年数在5年及以下，总体来看受访农民工在南京务工年数较短，就业整体上缺乏稳定性。

表4 受访农民工在宁务工年数

在宁务工年数	(0,5]	(5,10]	(10,15]	(15,20]	(20，+∞)
频数	320	424	151	125	36
百分比	30.30%	40.15%	14.30%	11.84%	3.41%

进一步询问农民工未来打算，结果如表5所示。愿意继续在城里打工的人数超过一半，没有工作也继续留在城里的人数不到15%，之所以留在城市主要是为了获得更高的收入。这说明农民工市民化的基本面还是比较大的。今后希望回家务农的有近四分之一，极少数农民工愿意回到家乡从事非农产业，这与城市丰富的就业机会有关。当然，一旦失去工作，绝大多数农民工仍可以选择“退守”农村。

表5 受访农民工预期工作选择

预期选择	人数	比率
继续在城里打工	572	54.16%
没有工作也继续留在城里	157	14.87%
回到家乡从事非农产业	70	6.63%
回到家乡务农	257	24.34%

（四）农民工工资水平增长较快，却依然远远低于城市居民收入

根据表6所示的调研结果，月工资在1000～2000元的农民工人数最多，有403人，占37.95%；其次是2000～3000元的人数，共有322人，占总数30.32%；再次是月工资低于或等于1000元的农民工，有248人，占23.35%。这说明农民工工资待遇低是普遍现象。月工资3000～4000元的有68人，占6.40%；月工资

① 这是从1062份样本中扣掉对该问题未作出回答的6份样本后的有效样本数。

② 《2010监测报告》中农民工从事现职的平均时间为3.1年[11]，国务院发展研究中心报告的调研结果是，累积外出打工平均7年，在当前城市就业时间平均5.3年。[5]而南京市的调研缺少对从事现职时间和当前城市就业时间的测量，故不能简单对务工时间进行比较。

4000元以上最少，只有 21 人，占 1.98%。最后计算调研对象平均月工资1725 元。

表 6 2010 年调研地区农民工月工资收入 (元/人)

月收入	≤1000	(1000,2000]	(2000,3000]	(3000,4000]	>4000	平均值
频数	248	403	322	68	21	1725
百分比	23.35%	37.95%	30.32%	6.40%	1.98%	

参照国家统计局发布的农民工统计数据(见表 7)，2010 年年底，农民工月均工资收入为 1690 元，比上一年同期同比增长 19.3%。2010—2017 年，农民工工资水平在七个年度共增长了 106.2%。综合表 5 和表 6 可见，就本次调研而言，南京市农民工的工资水平高于全国农民工的工资水平。

表 7 2010—2017 年全国农民工的月收入水平 (元/人)

	2010 年	2011 年	2012 年	2013 年	2014 年	2015 年	2016 年	2017 年
全国	1690	2049	2290	2609	2864	3072	3275	3485

数据来源:《2010 年农民工监测报告》、《2011 年我国农民工调查监测报告》、《全国农民工监测调查报告》(2012 年、2013 年、2014 年)，及《农民工监测调查报告》(2015 年、2016 年、2017 年)。

从横向看来，南京市 2010 年年底城市居民人均可支配收入 28312 元，平均月收入 2359 元。结合调研数据，2010 年南京市农民工平均月工资 1725 元，也仅相当于南京市城市居民人均可支配月收入 71.1%。表明虽然农民工工资水平增长较快，但是却依然远远低于城市居民收入。农民工的工资待遇与城市居民相比，存在严重失衡和事实上的不平等①。研究也表明，工资差异可部分地归因于城市居民与农民工的二元特征[14]。

表 8 南京市城乡居民人均可支配收入 [元/(人·年)]

指标	2010 年	2011 年	2012 年	2013 年	2014 年	2015 年	2016 年	2017 年
城市居民人均可支配收入	28312	32200	36322	39881	42568	46104	49997	54538
农村居民人均可支配收入	11128	13108	14786	16531	17661	19483	21156	23133

数据来源:《南京统计年鉴》(2011—2018)。

① 进城农民工首先关心的是就业收入问题，而以平等获得劳动报酬权利为核心的平等就业制度是否形成，是影响农民工收入的因素之一[5]。收入不平等会影响农民工市民化的进程。

当年当地农村居民人均可支配收入水平约为 927.33 元/月，低于南京市 2010 年最低工资标准一类区 960 元/月，高于二类区 790 元/月①。比较而言，农民工工资又远高于当地农村居民人均可支配月收入水平。正如托达罗模型所揭示的，城乡预期收入的差距成为农民工城乡迁移（包括就地就近和跨地区迁移）的显著经济动因[15-17]。但是，在农民工就业整体上缺乏稳定性的情况下，进城就业对农民工而言只是谋生手段。而且，为了家庭收入最大化农民工可以忍受恶劣的工作环境[15]。农民工在城乡之间钟摆式转移实质是他们就业不稳定、工资待遇低下、融入城市的物质资本匮乏的反映。

四、城乡一体化中农民工劳动社会保障现状

推进农民工市民化的关键是基本权益均等化，核心是城乡收入均衡化。而劳动政策要为城乡收入均衡化提供托底，社会保障等基本公共服务平等共享要为基本权益均等化提供托底。正如上节所述，南京市农民工务工状况并不容乐观，劳动政策和社会保障“双托底”的作用值得进一步考察。

（一）农民工在劳动关系保护上处于弱势地位

工资拖欠情况频发，是农民工在劳动关系保护上处于弱势地位的突出表现。农民工讨薪事件屡见报端②，引起了广泛的社会关注。本次调研对工资拖欠也进行了问卷调查，1053 位受访农民工回答了是否拖欠工资问题，其中有 176 位报告工资被拖欠，能具体到行业的有 154 位。调查结果分行业来看，被拖欠工资的农民工主要还是集中在建筑业和制造业，制造业农民工被拖欠工资的占 30.16%，建筑业农民工被拖欠工资比例紧随其后，占 27.16%。

---

① 南京市 2010 年最低工资标准见南京市劳动和社会保障局（宁劳社薪[2010]2 号）《关于调整南京市 2010 年最低工资标准的通知》。

② 特别是 2000 年以来，农民工被拖欠工资的现象普遍，讨薪难成为社会热点，许多人被迫实行私力救济，甚至“以死抗争”，自杀式讨薪事件频频发生，中国农民工权益受到严重侵犯[18]。这种“为权利而斗争”（详见耶林的著述[19]）不幸成为“弱者的武器”（详见斯科特对此的讨论[20]）。

表 9　不同行业农民工工资拖欠比例

	拖欠	未拖欠
建筑业	27.16%	72.84%
制造业	30.16%	69.84%
服务业	14.29%	85.71%
批发零售业	11.43%	88.57%
交通运输仓储邮政业	9.49%	90.51%
住宿餐饮业	7.35%	92.65%

劳动合同签订比例不高，是农民工在劳动关系保护上处于弱势地位的原因之一。本次调研 1055 位受访农民工回答了“现在从事的工作是否与雇主签订劳动合同”问题。在受访农民工明确回答就业行业的 750 人中，与雇主或单位签订劳动合同的仅占 20.27%，而《2010 监测报告》显示外出农民工中与雇主或单位签订劳动合同的占 42%[11]。签订劳动合同的比例远低于全国层面数据①，反映出南京市农民工在劳动关系上更加处于弱势地位。不同行业回答劳动合同签订与否的样本数是 750 份。具体分行业来看，从事建筑业的农民工没有签订劳动合同的比例最高，占89.14%②；从事服务业的相对其他行业而言，签订劳动合同的比例最高，占45.71%，但也没过半数。这应是今后劳动政策实施监察的重点。

表 10　不同行业农民工签订劳动合同比例

	已签订	未签订
建筑业	10.86%	89.14%
制造业	26.98%	73.02%
服务业	45.71%	54.29%
批发零售业	20.83%	79.17%
交通运输仓储邮政业	22.79%	77.21%
住宿餐饮业	32.35%	67.65%

① 除国家统计局《2010 监测报告》，原国家人口和计划生育委员会流动人口服务管理司 2010 年对流动人口动态监测调查数据表明，就业身份为雇员的流动人口中 32.7%未签订劳动合同[21]。

② 上述流动人口动态监测调查数据也表明，建筑业未签订劳动合同的比例为 56.6%。

（二）社会保障体系难以覆盖，参保比例偏低

农民工在制度上有城镇职工社会保障、城镇居民社会保障、农村新型养老保险与合作医疗等三条渠道可以选择。但是，农民工的“半城市化”①特征，也决定了每一条渠道都难以全覆盖。本次调研有1059位受访农民工回答了是否参加社保，其中参加社保282人，具体回答了险种的267人。受访农民工参加社会保障比例普遍较低，基本低于20%。755位报告就业行业的农民工中有207人参保，但不同行业农民工的社会保障水平差异较大，其中批发零售业、制造业和交通运输仓储邮政业的情况相对较好。工伤风险较高的建筑行业农民工，其医疗保险参保率11.46%，工伤保险只有9.55%，同时养老保险、失业保险的参保比例分别为4.46%和0.96%，参保比例显著低于其他行业。

表11　不同行业农民工参加社会保障的比例

行业类型	养老保险	医疗保险	工伤保险	失业保险
建筑业	4.46%	11.46%	9.55%	0.96%
制造业	7.87%	25.20%	12.60%	2.36%
服务业	14.29%	20.00%	8.57%	5.71%
批发零售业	28.77%	34.25%	6.85%	4.11%
交通运输仓储邮政业	15.33%	18.25%	3.65%	2.92%
住宿餐饮业	14.49%	14.49%	5.80%	2.90%

《2010监测报告》也对不同行业农民工的社会保障水平进行了整体分析，建筑行业与本次调研情况类似，工伤保险、养老保险、医疗保险和失业保险的比例参保比例分别为16.6%、2.8%、6.5%和1.4%[11]。建筑业农民工的社会保障状况仍需重点关注。

（三）劳动政策与社会保障的协同治理不到位

城乡一体化中农民工劳动社会保障现状不容乐观，农民工参加社会保险的水平总体较低，劳动合同签订比例不高，工资拖欠频发，同时不同行业农民工的劳动社会保障水平差异较大，尤其以建筑业农民工的劳动社会保障问题最为突出。一方面表明了农民工自身维权意识淡薄，同时面对复杂而又漫长的程序和高昂的维权成本，他们只能选择默默承受不公正的待遇。另一方面用人单位与

① 王春光讨论了农村流动人口的“半城市化”问题，即一种介于回归农村与彻底城市化之间的状态。消解“半城市化”问题的首要目标就是解决农村流动人口的不完全市民权问题。[22-23]

农民工谈判地位悬殊,部分农民工迫于就业与生活的压力,本着“胳膊拧不过大腿”的心理暗示,选择了逆来顺受。农民工在劳动就业权益上处于弱势地位,并未受到公正待遇。

2010年农民工的权益保护调研数据告诉我们,与雇主签订劳动合同的农民工占总人数17.7%,参加社保的有28.9%(有效问卷1053份)。即使农民工与雇主签订了劳动合同,他们也并不全部拥有养老保险、医疗保险、工伤保险、失业保险等四险。也就是说,部分用人单位并未按照劳动合同的要求为农民工缴纳工伤和医疗保险。但是,通过表12的方差检验,明显看出是否签订劳动合同显著影响农民工社保参保率。由此可见,劳动合同对于农民工权益保障至关重要,劳动政策与社会保障的协同治理对于农民工市民化的积极稳妥有序推进至关重要。

表12 2010农民工劳动合同签订与社保参与的关系

	参与社保	未参与社保	显著性 sig
签订劳动合同	127	60	0.000
未签订劳动合同	155	711	

注:显著性水平为1%。

但是,现实中劳动政策与社会保障的协同治理不到位。我们要认识到,这些依靠非均等化基本公共服务压低成本推动城镇化快速发展的模式注定不可持续,让数以亿计的农民从农村进入城市,需要在尊重现实国情的基础上,创造更符合他们就业和生存状况的城镇发展空间。

五、农民工的土地承包权益及其作用显化

农民工在乡村的土地权益与在城镇的劳动权益,对其市民化发挥了重要作用[24]。调查以及现实表明,农民工的就业稳定性与收入平等性等务工状况并不理想,劳动关系保护不力,社会保障覆盖面窄,离劳动关系与社会保障对其市民化的托底还有很大距离。农民工在面临上述不利的局面下,无论有没有工作选择留在城镇的比重高达69.04%(见表5),还可能有什么机制补充农民工在城镇劳动社会保障的不足?承包地是农民工在乡村的重要财产,土地承包权益起到了什么作用?本节将聚焦农民工的土地承包权益,在报告农民工家庭土地承包权益保障现状的基础上,显化土地承包权益的作用。

（一）农民工家庭土地承包权益保障现状

1. 土地流转的方式多样化，流转服务缺失、程序不规范

农民工外出期间土地主要由家人耕种，比例达到55.74%，其中耕种主体主要包括妻子及父母（见表13）。回答农忙时会回家帮忙的男性农民工有520人，即48.96%男性农民工农忙时会回家务农，平时由妻子或父母在家照看农业生产，这反映出农业兼业化生产的现象十分普遍。其次是“亲戚邻里代耕”，比例达到23.92%。以出租、股份合作、转包、转让、互换等形式发生流转的比例为9.23%，其余主要以抛荒、闲置为主。

表13 农民工外出期间土地流向

	频数	比例（%）
家人耕种	592	55.74
亲戚邻里代耕	254	23.92
流转出去	98	9.23
被集体收回或调整出去	15	1.41
国家征收征用	50	4.71
其他	53	4.99
总计	1062	100.00

将部分代耕①、国家征收等形式纳入土地流转的范围中，那么调查对象实际发生土地流转的数量为363例，占到总数的34.18%。与此相对的是半数以上的访问对象外出期间没有发生土地流转，这与55.74%的农民工在外出务工期间选择家庭劳动力分工及兼业化决策有很大关系。非农就业的农民家庭成员仍保有土地而不愿意流转，是因为家庭其他成员务农可以使兼业经营获得分工经济[25-26]。在约占半数采取兼业化经营的受访农民工中，回答妻子或父母在家照料农业生产的有392人，亦即75.38%的兼业户家庭采取家庭内部分工。

在问卷中我们有意识地去了解村组织搭建的土地流转信息平台（如公告栏或产权交易中心等）对农村土地流转的作用。调查结果如表14所示，82.02%的农民工所在的村庄中集体经济组织并没有提供类似的服务，这也是现实中土地流转率低的重要原因。

① 本研究对于访问对象兄弟姐妹帮忙料理农地的现象不计入土地流转。

表 14 村组织是否搭建了土地流转的信息平台

	频数	百分比(%)
有	162	15.25
没有	871	82.02
不知道	29	2.73
总计	1062	100.00

在发生土地流转的 363 个访问案例中,土地流转的形式呈现多样化的特征。发生流转的受访对象中,其中转包的比例有 16.25%(即在原有承包关系不变的情况下,将承包地经营权以一定期限转给同一集体其他成员);出租的比例达到 25.07%,同样是保持原有土地承包关系不变的前提下,将土地承包经营权以一定期限租赁给他人从事农业生产经营。而转让、股份合作、互换的情形较少。“其他”中主要则是以代耕、国家征收征用为主。

土地流转操作程序是否规范对农民工土地承包权益保障至关重要。调查结果显示,受访农民工对是否签订土地流转合同回答的样本为 375 人,除了 4 人回答不知道外,土地流转中签订合同的比例仅为 10.41%,未签订合同的比例达到 87.94%。据被调查的农民工介绍,他们流转的对象绝大多数是本集体经济组织的成员,不少是亲戚邻里,“血缘关系”与“道德舆论”等已经对流转对象起到足够的约束,没有签订合同的必要,以口头协议为主。回答土地流转是否发生租金的农民工有 374 人,除 4 人回答不知道外,土地流转过程中发生租金的比例占到 38.08%,60.82%的农民工将自家的土地免费给他人耕种。据了解,随着土地抛荒、闲置的监督和惩罚力度加大,由于农民工常年在外务工,因此家乡中若有人愿意耕种其承包的土地,他们便会欣然接受,有的甚至出钱给乡里乡亲耕种,为的是躲避由土地抛荒而带来更严重的惩罚。尽管现实生活中农民工进行土地流转的程序并不规范,但是 73.03%的访问对象仍认为虽然自己在外务工,但是以当前的土地流转操作,自己的土地权益得到了保障,26.96%的被访问者则表示因为补贴、租金或者自己外出期间土地被收回等情况,自己的土地权益并没有得到保障。

2. 种粮补贴与土地权利的关注度高,政策效应不足

农民工虽然常年在外务工,但是他们与土地有千丝万缕的联系,对农业生产的关注及土地处置的选择一定程度上反映了他们对农业的依赖性。2010 年调

查结果显示，有755名农民工表示关注取消农业税、粮农补贴等惠农政策，所占比例达到71.50%；而28.50%的受访对象表示不关心与农业相关的政策。农业补贴作为国家支农惠农的重要体现，能够领取原本属于自己的种粮补贴是农民工土地承包权益保障的重要体现。调查结果显示，所有种粮补贴总数的平均值为82.3元/亩。19.59%的调查对象表示自己没有拿到种粮补贴。虽然补贴数额不大，也许不到外出打工一天的收入，但是1047名受访农民工能够准确地说出是否拿到种粮补贴，占总数的98.59%，足以表明他们对自己承包土地上发生的权利和义务的关注情况。

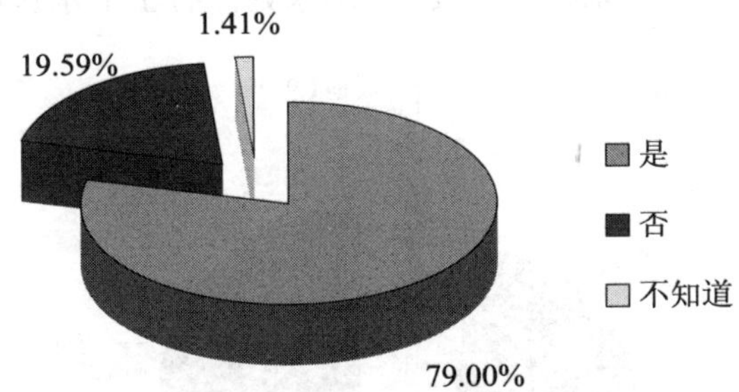

图3 是否能领取到种粮补贴

3. 土地承包权的保留意识与农业的依赖感高

本项调研探究农民工“外出期间是否打算放弃土地承包权”，作答的农民工有1057人，仅有14.38%的农民工由于劳动力缺乏以及种地的效益低下等原因表示打算或已经放弃土地的承包经营权。85.62%的农民工表示不会放弃土地承包经营权。进一步询问原因，主要存在以下几点：① 家庭有剩余的劳动力，如年迈的父母、留守在家照顾孩子的妻子、在家务农的兄弟姐妹以及乡里乡亲，留着土地能够使他们得到充分的就业，提高劳动生产率；② 受到户籍制度、个人技能、文化程度、生活习惯等差异的影响，外出打工对于他们来说只是暂时的选择，留着土地是为今后做打算，用他们的话来说“哪有农民不要地”的；③ 不少农民工表示“留着土地心里踏实”，他们看重的是土地的保障功能，将土地作为今后养老的重要措施；④ 土地除了能解决自家吃饭问题，还能带来一定的农业收入，尤其是在国家健全强农、惠农政策背景下，农业收入随着补贴的增加更为可观；⑤ 有农民工认为随着土地资源越来越稀缺，土地升值空间巨大，留着土地意味着预期的丰厚收入；⑥ 还有农民错误地认为留着土地可以在自家承包地上盖房或等土地升值后再卖给别人以谋求收益。总而言之，大多数进城务工人员因尚难以融入城市，享受城镇社会保障，因而他们视土地为最后的保障，不愿放弃土地；随着“惠农”政策实施给农民带来实惠，以及对土地征收征用的预期，也一定程度上强化了农民的恋土惜地心理，更不急于放弃土地。

4. 土地法律制度了解程度低

问卷设计以“农村土地所有权归属”以及“对《中华人民共和国农村土地承包法》的了解程度”作为农民工对现有农村土地法律及土地制度的反映。尽管法律规定农村土地(主要指耕地)属于农民集体所有，但调查结果(图 4)显示，57.53%的农民工认为自家经营和耕种的农地归国家所有，其次是农民自己，比例占到34.93%，这与土地承包关系长久不变，农民家庭保有土地承包经营权有关。

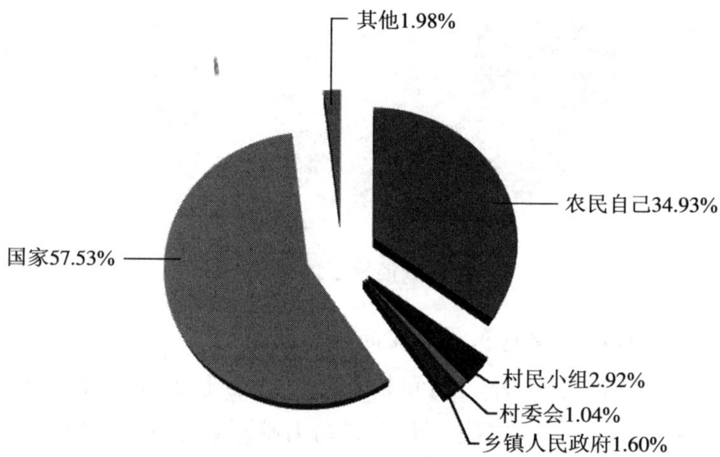

图 4　农民工对农村土地所有权归属的认识

在对 1062 位农民工进行有关农村土地承包的法律知晓程度的问询时，69.87%的被访者表示“完全不了解”，只有 29.57%的被访者了解《中华人民共和国农村土地承包法》的部分内容，只有 0.56%表示了解全部内容。可见农民工对相关土地法律的熟悉程度很低。这一方面反映出农民工自身文化、知识的缺陷和法律意识的淡薄，同时，与农民工长期外出务工，与农业生产脱离较远也有关系；另一方面，也体现国家虽然出台了保护农民土地权益的有关法律，但是法律的宣传、学习和普及仍然亟须改进。

(二) 土地权益对农民工劳动社会保障现状的作用

伴随着农民工市民化进程的不断推进，城乡二元结构下市民化进程的制度障碍和所衍生的成本得以凸显。制度障碍是农民工与城市居民待遇差异的根

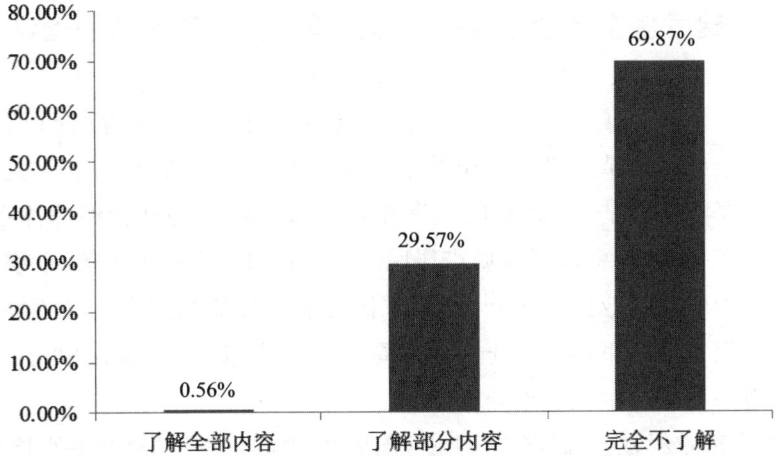

图 5 农民工对《中华人民共和国农村土地承包法》的了解程度

源,衍生的成本主要分为两个部分:农民工个体所承担的成本,以及社会(政府+企业)所承担的成本[27]。而成本意味着投入,投入意味着风险,降低农民工市民化风险就是实现农民工与城市居民平等的关键。

虽然农民工在城市中不再像传统农民那样保持与土地的紧密联系,但从调研结果可以看出农民工对于土地承包权的保留意识依然很强烈,希望以资金、住房、就业以及社会保障来作为换取放弃土地承包权的条件。通过对农民工的劳动社会保障现状分析,我们也看到农民工与城市居民在就业、住房、教育、社会保障上的差别化待遇。这些都严重加剧了农民工市民化的就业成本、居住成本、教育成本,导致农民工对城市生活与工作并没有一个稳定的预期。故而保有土地成为农民工规避失业风险与防御生存威胁的重要策略。土地对于农民工而言绝不仅仅是生产工具,同时发挥需要劳动力、提供资产与保障支持的作用,是其由城镇退回农村的最后防线[16]。与此同时,土地权益使得进城农民长久地从土地获取相应的收益,比如土地流转的租金、土地股份合作分红成为农民工保底收入的重要组成部分[15],这样的稳定预期减少了农民工的后顾之忧,增加市民化经济基础,从而降低农业转移人口市民化的总成本,抵消了部分由户籍制度导致的当地居民与农民工之间待遇的差距。也就是说,土地带来的租金收益以及补贴等转移性收入可以提高农民工的整体社会福利水平,弥补城乡社会保障的不足。

六、建立健全劳动社会社会保障等相关配套措施的建议

社会保障水平直接影响了劳动者在劳动力市场外的可生存时间[28]。在城乡统一的社会保障改革还没有到位的情况下,对农民工而言完善农村社会保障体系建设仍是有意义的,在此基础上逐步推进城乡统一的社会保障体系建设。农民工的务工环境、工资待遇与城市居民之间存在事实上的不平等,也说明了建立农村劳动力转移就业扶持机制,提高农民工职业技能与素质的必要性。农民工与城镇居民在城镇里形成的新二元格局,也说明加快推进户籍制度改革,保障农民工享有平等的基本权益十分重要。

(一) 完善农村社会保障体系建设,逐步推进城乡统一的社会保障体系建设

推进城乡统一的社会保障体系建设是一个渐进的过程与目标。在渐进实现目标的过程中,从农村社会保障体系开始过渡,为农民工提供基本的托底功能,逐步完善农村社会保障体系并实现与城镇社会保障体系并轨,从而推进城乡统一的社会保障体系建设,为农民工市民化织密社会安全网。农民工直接参加城镇居民养老保险或城镇职工养老保险的,在城镇社会保障体系内统筹整合,向城乡统一的社会保障体系统筹过渡①。

一是以完善新型农村社会养老保险制度为基础,统筹城乡接轨和异地转接。目前我国农村养老保险模式层次单一,风险应对能力不足,建立一个多层次、低缴费、广覆盖的农村社会养老保险体系是必要举措[30]。首先,在满足农民新型农村社会养老保险需求基础上,面向农民工适当提高缴费标准,以便尽快与城镇居民养老保险接轨。其次,探索建立城乡养老保险有效衔接制度,完善异地转接制度。各地政府要以农民工的养老保险异地转接制度为突破口,创造条件探索实现农村和城镇基本养老关系转移接续制度,逐步建立健全覆盖城乡居民的社会养老保险体系。最后,建设城乡统一的社会保障体系。以农民工市民化为契机,由农民工与城镇养老保险接轨带动城乡统一的社会保障体系统筹改革。

二是大力发展新型农村合作医疗制度,统筹城乡医疗保险。在农民可以接受的前提下,提高筹资水平,加大政府财政补助力度,进而提高新型合作医疗的

① 有研究表明,相对于参加城乡居民基本养老保险的农民工来说,参加城镇职工基本养老保险的农民工城市完全融合的概率更大[29]。确实有必要从有利于农民工市民化的目标出发统筹整合城乡居民基本养老保险与城镇职工基本养老保险,作到制度体系的有机衔接。

保障水平[31]，逐步缩小与城镇居民医疗保险的差距。面向农民工适当提高缴费标准，为统筹城乡医疗保险提供基础。面向农民工的需求，作好城乡接轨和异地转接。

三是打造双重保障，织密农民工市民化的社会安全网。农民工社会保障中国家、企业和农民工三者之间是纵向关系，农民工土地保障则事关发包方、农民工与土地之间的利益关系，二者之间具有互补性，没有排斥性[32]。社会保险等正式保障以及土地保障等非正式保障①构成了当前农民工社会保障的现状。城镇社会保障门槛高，提高了农民工市民化成本，制约其市民化进程[36]。因为土地持有是一种储蓄和养老保障的方式[37]，土地型社会保障，是对现金型社会保障的一种有效替代[33]。统筹城乡统一的社会保障体系建成之前，充分利用社会保险等正式保障以及土地保障等非正式保障，可以为农民工市民化织密社会安全网。

（二）建立农村劳动力转移就业扶持机制，消除农民工不平等的体制障碍

一是完善就业保障，加强劳动者技能培训。第二次全国农业普查和对沿海地区的调查结果表明，有近60%初中以上文化程度的农村劳动力已转移到非农产业，有一技之长的农民工供给不足[38]。因而，需要完善就业保障，充分发挥本地职业高中、职业教育培训中心、农村现代远程教育等教育资源的作用[39]，积极开展农村劳动力短、中、长期专业技能、法律法规和务工常识等方面的培训，进一步提高外出务工人员就业素质和维权意识，避免因盲目外流给农民造成不必要的经济损失，防止个别农民误入歧途。着力提高农村劳动力的就业能力，促进劳务输出由体力型向技能型转变，夯实农民工市民化的人力资本基础非常重要，缩小农民工与城镇居民间的工资差距，消除农民工不平等的体制障碍。

二是建立社会就业信息网络。信息是促进劳动力资源有效流动和在各行业优化配置的关键因素。信息是劳动力在市场转移中获益的保障。建立城乡统筹的劳动信息服务网络，提供就业趋势预测、技能短缺和过剩工种、热门行业、劳动空缺岗位等信息，实现信息资源共享。以政府为主导，在各级地方设立职业中介机构和其他民办职业中介机构，及时迅速地提供就业政策和招聘信息服务。一方面做好农村劳动力输入、输出和接受工作，尤其针对那些非正规就业的农民

---

① 姚洋把中国目前以均分土地为特征的农地制度视作内在的嵌入式社会保障[33]，从制度变迁而言土地均分是农民对生存保障压力的集体回应[34]。这构成了当前土地制度和社会保障的问题交织在一起的逻辑起点[35]。

工;另一方面提供有关用人单位信息和法律咨询的免费服务。这样可以提高劳动者的有效流动率,促进社会富余劳动力的充分就业。

(三)加快推进户籍制度改革,保障农民工享有与市民平等的基本权益

中国城市化进程的缓慢与我国户籍制度的约束有非常大的关系。中国的户籍制度仍保留过去计划经济体制的遗迹[14],表面上是一个人口登记制度,实质是人口居住权的城乡分割[40],构筑了城市中国与乡土中国的分立壁垒,割断了城乡经济的良性互动联系①[41],导致了城乡居民的不公平待遇[42]。城乡二元户籍捆绑农民工经济利益和限制政治权利[36],户籍制度的改革应该能确保在不同环境中具有不同天赋条件的人享有平等的权利,能够在未来的发展中保持权利和机会的均等性。要解决农民工问题,需要进一步改革户籍登记和管理制度,以保障农民的平等就业权和迁徙自由[43],使城乡劳动者实现平等就业和公平地享受社会经济发展的成果,让每个人在同一制度平台上,凭能力参与市场经济的公平竞争。

为此,按照宽严有度、分级承接的原则,对不同规模的城市研究制定不同的落户标准。适度放宽特大城市和大城市的落户条件,逐步降低中小城市落户标准,全面放开小城镇落户条件,县城镇、建制镇内的户籍人口,可以凭合法固定住所实施户口通迁,实现农民的"自由迁移"权。加快制定和落实鼓励农民进城落户的住房、社保、就业、创业、教育等政策,让进城农民享有与城镇居民同等的权益和待遇。改革暂住证制度,对特大城市和大城市中的外来人员实行居民证制度,凭居民证在职业介绍、劳动用工、疾病预防、子女入学等方面享受市民基本待遇。

目前,户籍改革政策允许农民进城不退地,实际等于减轻了农民工土地退出的心理成本,让其拥有保有或退出土地的选择权利,这是对弱势群体更好的保护。农民工拥有保有或退出土地的选择权利,可以为改革农民工不平等待遇的制度障碍提供风险分散机制,从而为农民工市民化风险防范提供缓冲。

七、保障农民工土地承包权益的建议

在城乡一体化中,只要户籍、城镇社会保障仍然是农民工市民化的障碍,农

① 良性互动联系是本文作者的修改,原文作者用的是"应有联系和互动",不够准确。城乡二元格局还是存在应有的经济联系的,只不过城乡经济交换关系是城市偏向的,对农产品实行"价格剪刀差"的不平等交换。

民工就无法获得与城市居民平等的待遇。为减轻农民工市民化成本，这些公共服务的均等化建设主要依靠政府支出，保障农民工土地权益可以增加农民工自身物质资本，也在一定程度上减轻政府财政负担。

（一）稳定土地承包关系长久不变，健全农村土地承包管理制度

稳定农民工对土地承包关系长久不变的预期至关重要。调查发现，土地是农民工的基本的生活资料和最后的生存保障，非农就业机会的增多并没有促使农民放弃对土地的占有，相反，农民工更加重视自己的承包地以及由此衍生的各项基本权利。因此，应进一步推进土地确权颁证工作，落实土地承包经营权，落实农民工对承包地的权利和义务。明确规范县市和乡镇农村土地承包合同管理机构职责，作好承包合同鉴证和流转合同鉴证。特别是在管理农村土地流转工作中，充分考虑本集体的外出务工人员的土地权益，制定符合农民工利益并切实可行的农村土地流转的实施细则，形成配套的流转管理办法和经常性的工作制度，积极地去引导、实施、管理和监督。

（二）切实改进政府对农民工土地流转的管理和服务

农民工常年外出务工，不能完全处理自家土地，这就需要地方政府对农民工参与土地流转进行积极的引导和规范。一要为农民工土地流转营造良好的流转环境，依法支持、引导土地承包经营权流转。确保农村土地流转行为的"依法、自愿、有偿"和农村土地流转价格的公平合理。二要制定统一规范的农村土地流转合同文本。引导农户履行合法手续、程序，签订农村土地流转的书面合同，明确农村土地流转的形式、数量、期限、条件和双方的权利、责任、义务。三要规范流转收益管理。合理确定流转费用，并确保兑现，保证农户经济利益不受损失，严防流转收益被"截留、扣缴"，维护农民工土地承包经营权流转的收益权。四要建立农村土地流转监控体系。重点监控农村土地流转是否为农民工意愿的真实反映，农村土地流转过程中是否出现在短期利益的驱动下改变土地用途、进行商业开发的现象，坚决制止侵害农民工土地权益的违法行为，更好地保障农民的利益。五要充分利用调解和仲裁在满意、效果和成本方面的比较优势，以及诉讼终结纠纷的优势[44]，建立健全协商、调解、仲裁、诉讼为主要内容的土地承包经营纠纷多元化解机制，依法化解农民工的土地承包和流转纠纷，维护农村和谐稳定。

（三）加快培育土地承包经营权流转市场

完善的土地承包经营权流转市场有利于规范农民工土地流转行为，保障农民工的土地权益。为了使农村土地资源被充分利用,尤其是农民工承包土地,应严格坚持“依法、自愿、有偿”的原则,尊重农民工对土地承包经营的自主权。积极探索建立农村土地流转机制,尤其是有利于农民工参与的土地流转机制,规范流转行为,防止强迫命令,加快培育土地承包经营权流转市场,促进农村经济发展、农村社会稳定和农民增收致富。具体而言,培育土地承包经营权流转市场主要解决以下三个问题。一要规范农村土地流转基本操作规程,实行程序化操作。要在县、镇两级建立土地承包经营权流转信息收集、发布的平台,建立合同签订、政策咨询及农村土地流转服务中心[45]。二要建立土地流转合同管理制度。流转双方要在平等互利的基础上,签订书面土地流转合同,明确流转的形式、数量、期限、条件和双方的权利、责任和义务;涉及承包土地田块变动的,要及时办理承包权证变更手续;有条件的,还可到公证部门办理公证手续。农村基层组织和承包合同管理部门要加强对流转合同的审查、监督,对合同的登记、立卷、归档,要形成制度化和规范化的管理。三要建立必要的流转中介组织。尽可能地减少流入流出主体之间的交易成本,提高中介服务、价格评估服务等能力。可由县级人民政府牵头,农业、畜牧、林业、土管等部门分别设立“土地信托服务中心”;乡镇一级设立土地信托服务中转站,及时进行指导协调,建立土地流转信息库,及时发布土地流转信息,健全土地流转动态管理台账;村一级由村委会具体向农民提供土地信托服务,突破土地使用权流转区域内制约,实行三级联网,形成统一的土地使用权流转市场。

(四)完善种粮补贴政策,保障农民土地权利

调查结果显示,农民工对取消农业税、粮农补贴等惠农政策,以及由承包地衍生出来的各项权利表现出极高的关注度。同时,国家在制定优惠政策时,没有严格界定承包者与租赁者谁该得到这一部分补贴,存在“谁承包,谁受益”与“谁种田,谁受益”的争论。因此,存量补贴的利益不调整,农民工与在村承包农户按亩均标准同等享受。增量补贴更多向种田农户尤其是新型经营主体倾斜。调查结果中平均每亩 82.3 元的种粮补贴,无法弥补农民种粮成本的上涨,种粮补贴对种粮收益的提高幅度不足以影响农户的生产行为。有研究认为种粮补贴资金应给予实际种粮农户[46]。为此,各地政府应该加大种粮补贴力度,按每年一定比例递增以提高补贴标准和补贴资金总量,增加粮食风险基金、土地出让金、国家粮食奖励基金用于种粮补贴的比例,逐渐扭转种粮比较利益较低的局面。

(五)制定兼顾国家法律与农民习惯的土地调整政策

由于每个村民都对农村土地具有所有权,土地分配不得不依照村里人口的变动而作相应的调整,以维持由土地集体所有制和以农户为单位的生产组织形式所衍生的公平[47]。但是,这种公平的一个直接代价却是农民失去对土地进行长期投资的积极性。为此,政府基于激励农民对土地进行长期投资等方面的考虑,在法律和政策上严格限制农村土地调整。然而调查结果显示,尽管土地调整被国家严格控制,但农民对土地的调整意愿却并没有减少,在回答调整意愿的1052人中有47.62%的人表示愿意进行土地调整。现有农地法律制度安排与农村实际情况存在一定的不协调现象,这与目前不少基层干部和群众对农村土地承包法律、土地流转政策一知半解有关。因此,当前既需要加强土地法律政策的宣传力度,又需要制定妥善处理国家法律与农民习惯的土地调整政策。

参考文献:

[1] 蔡昉. 中国流动人口问题[M]. 北京:社会科学文献出版社,2007:1.

[2] Rachel Murphy. How Migrant Labor is Changing Rural China[M]. Cambridge University Press,2002:1,10-12.

[3] 墨菲. 农民工改变中国农村[M]. 杭州:浙江人民出版社,2009:1,9-11.

[4] 郑新立. 以全面小康为目标加快城乡一体化进程——学习习近平同志关于城乡一体化的讲话[J]. 农村工作通讯,2015(22):7-8.

[5] 国务院发展研究中心课题组. 农民工市民化:制度创新与顶层政策设计[M]. 北京:中国发展出版社,2011:2-59,101,172.

[6] 国务院研究室课题组. 中国农民工调研报告[M]. 北京:中国言实出版社,2006:13-14.

[7] SOLINGER D J. Contesting Citizenship in Urban China: Peasant Migrants, the State, and the Logic of the Market[M]. University of California Press, 1999:186.

[8] 苏黛瑞. 在中国城市中争取公民权:农村流动人口、国家与市场逻辑[M]. 杭州:浙江人民出版社,2009:1-24,200.

[9] 王小章,等. 走向承认——浙江省城市农民工公民权发展的社会学研究[M]. 杭州:浙江人民出版社,2010:3-29.

[10] 徐洪强. 基于农民工生存伦理视角下的城乡一体化研究[J]. 改革与开放,

2011(12)：139.

[11] 国家统计局. 2011 中国发展报告 [M]//2010 年农民工监测报告. 北京：中国统计出版社，2011：99 - 105.

[12] 宁光杰，李瑞. 城乡一体化进程中农民工流动范围与市民化差异[J]. 中国人口科学，2016(04)：37 - 47，126 - 127.

[13] 庄子龙. 基于城乡一体化的农民工市民化研究[J]. 学理论，2014(19)：83 - 84.

[14] Leng Lee. Decomposing wage differentials between migrant workers and urban workers in urban China's labor markets[J]. China Economic Review，2012(23)：461 - 470.

[15] 陈会广，陈昊，刘忠原. 土地权益在农民工城乡迁移意愿影响中的作用显化——基于推拉理论的分析[J]. 南京农业大学学报(社会科学版)，2012，12(01)：58 - 66，117.

[16] 陈会广，刘忠原，石晓平. 土地权益在农民工城乡迁移决策中的作用研究——以南京市 1062 份农民工问卷为分析对象[J]. 农业经济问题，2012，33(07)：70 - 77，111 - 112.

[17] 陈会广，刘忠原. 土地承包权益对农村劳动力转移的影响——托达罗模型的修正与实证检验[J]. 中国农村经济，2013(11)：12 - 23.

[18] 徐昕. 为权利而自杀——转型中国农民工的"以死抗争"[J]. 中国制度变迁的案例研究，2008(11)：255 - 305.

[19] 鲁道夫・冯・耶林. 为权利而斗争[M]. 胡宝海，译. 北京：中国法制出版社，2004.

[20] 詹姆斯・C. 斯科特. 弱者的武器[M]. 郑广怀，张敏，何江穗，译. 南京：译林出版社，2011.

[21] 国家人口和计划生育委员会流动人口服务管理司. 中国流动人口发展报告. 2011[M]. 北京：中国人口出版社，2011：3 - 14.

[22] 王春光. 农村流动人口的"半城市化"问题研究[J]. 社会学研究，2006(5)：107 - 122，244.

[23] 王春光. 对中国农村流动人口"半城市化"的实证分析[J]. 学习与探索，2009(5)：94 - 103.

[24] 林奕冉，陈会广. 农民工的土地权益与劳动权益——基于 2009—2017 年农

民工调研[J]. 土地经济研究，2018(2)：1－25.

[25] 陈会广. 农户兼业化与农村土地制度变迁——基于家庭内部分工的分析框架及政策含义[J]. 甘肃行政学院学报，2009(1)：4－20.

[26] 陈会广. 农民家庭内部分工及其专业化演进对农村土地制度变迁的影响研究[M]. 上海：上海人民出版社，2010：98－133.

[27] 金励. 城乡一体化背景下进城落户农民土地权益保障研究[J]. 农业经济问题，2017 ,38(11)：48－59,111.

[28] 翁玉玲. 我国农民工地位弱化的制度反思——以非正规就业法律规制为视角[J]. 农业经济问题，2018(6)：98－107.

[29] 谭俊强. 农民工养老保险参保行为与城市融合[J]. 中国人口·资源与环境，2017，27(2)：135－142.

[30] 张小玲. 城乡一体化背景下农民工养老保险制度的完善[J]. 农业经济，2013(08)：94－96.

[31] 刘华，曹飞. 基于农户视角的新型农村合作医疗满意度的实证分析[J]. 华中农业大学学报(社会科学版)，2010(6):57－62.

[32] 黄肇漳. 农民工社会保障与土地保障的关系[J]. 企业导报，2009(10)：23－25.

[33] 姚洋. 土地、制度和农业发展[M]. 北京：北京大学出版社，2004：107－125.

[34] KUNG J K. Egalitarianism, subsistence provision and work incentives in China's agricultural collective[J]. World Development, 1994, 22(2): 175－188.

[35] 陈会广，欧名豪，张潇琳. 被征地农民及其社会保障——文献评论与今后公共政策选择[J]. 中国土地科学，2009，23(02)：75－80.

[36] 杜伟，任大廷. 城乡一体化进程中农民工市民化的制度困境[J]. 山西农经，2015(07)：6－8.

[37] ZHAO Y H, WEN J G. Chinese Rural Social Security and Land Holding [R]. China Center for Economic Research of Peking University, Working Paper, 1998.

[38] 韩俊，崔传义，金三林. 现阶段我国农民工流动和就业的主要特点[J]. 发展研究，2009(04)：45－48.

[39] 王朝起. 完善农村社会保障,推进贵州农村剩余劳动力转移[J]. 才智,2009(14):253-254.

[40] 蔡昉. 中国人口与劳动问题报告. 12[M]//"十二五"时期挑战：人口、就业和收入分配. 北京：社会科学文献出版社，2011：243-258.

[41] 白莹."宅基地换房"——天津户籍制度改革的有益尝试[J].行政与法，2010(04):16-18.

[42] 岳立,张钦智.农村人口的城市化问题研究——基于户籍制度的视角[J].经济问题，2009(03):63-66.

[43] 于建嵘. 基本公共服务均等化与农民工问题[J]. 中国农村观察，2008(02)：69-74.

[44] 陈会广,吴沅箐.农村土地承包经营纠纷调解、仲裁与诉讼比较研究——基于金坛的案例[C]//2010 年(第十届)中国制度经济学年会论文集.2010：401-411.

[45] 武潇斐.广西新农村建设土地综合整治整村推进模式研究——基于南宁市同富村的调查[J]. 经济与社会发展，2011，9(06):45-48,72.

[46] 侯明利. 中国粮食补贴政策理论与实证研究[D].无锡:江南大学，2009.

[47] 姚洋. 农地制度与农业绩效的实证研究[J]. 中国农村观察，1998(06)：3-12.

Labor Relationship, Employment, Social Security, and Contracted Land Use Rights for Migrant Workers' Citizenization During the Integrated Urban-rural Development

Huiguang Chen[1,2], Xing Lu[1], Zhongyuan Liu[3]

(1. College of Public Administration, Nanjing Agricultural University, Nanjing 210095, China;

2. Research Center of Rural Property Rights and Collective Economic Organization, Nanjing Agricultural University, Nanjing 210095, China;

3. University of Georgia, Griffin, GA 30223 - 1797)

Abstract: The issue of migrant workers is related to three issues of agriculture, rural areas and farmers. While migrant workers flowed into urban areas under the urban-rural dual pattern, the issue of farmers evolved into the issue of migrant workers. Therefore, it was difficult for migrant workers to own the same basic rights as citizens. This study collected 1062 valid questionnaires from migrant workers in Nanjing, 2010, so as to survey and analyze the income gap and social inequality faced by them. The survey results showed that: (i) The urban-rural gap was still one of prominent problems during the integrated urban-rural development. So narrowing the income gap between urban and rural areas remained a daunting task for us. This was often easy to reproduce the old dual structure, and shape the new one between migrant workers and citizens in urban areas. (ii) Compared with 2010 Report on China's Migrant Workers Investigation and Monitoring, their working conditions were not ideal, though their wages from the employer were higher than the national average. The most of the migrant workers surveyed were mainly graduated from the junior or senior schools. Their job orientation was construction industry and manufacturing industry. Their unstable employment, low wages, and poor material capital resulted in the shifting of migrant workers between urban and rural areas, and the difficulty to integrate into the city. (ⅲ) Migrant workers were weak in the protection of labor social relations. So the ratio of labor contracts was only 20.27%, and the ratio of participation was less than 20%. The welfare and other benefits package from the employer were very poor, and social security was difficult to meet their need. The low-cost urbanization was not sustainable. (ⅳ) Under the above unfavorable situation, most of migrant workers still would hesitate to stay in city, despite of unstable expectation on urban life and work. In a sense, land holding was one of the most important strategy to avoid their possible unemployment risks and survival threats. Their land rental income made up for the shortage of urban and rural social security. Some implication would be drawn from the above survey results as followed: (ⅰ) As long as household registration and urban social security were still obstacles to the migrant workers' citizenization, it was essential to stabilize their long-term expectation of the land contractual relationship. We should not neglect the impact of land rights and interests on migrant workers' labor and social security during the integrated urban-rural development. The government should effectively improve their land transfer management and services, and reform grain subsidy policies. (ⅱ) The rural social security system should be gradually improved so as to coordinate the urban and rural unified social security system. It was important for the rural labor transfer and employment support, and relaxing household registration to ensure migrant workers' entitlement for the equal basic rights, and equal basic public service. More measures should be taken to weave the social security network for migrant workers.

Key words: the integrated urban-rural development; migrant workers; labor relationship; employment; social security; contracted land use rights

从我国台湾地区房地产税经验反思沪渝模式及其推动策略

林圣豪[1,2]

(1. 逢甲大学建设学院，台中　40724；2. 南京大学政府管理学院，江苏　南京 210023)

摘　要　2011 年沪渝开展房地产税扩围试点至今，房地产税一直是备受关注的热点议题。尽管许多研究认为我国台湾地区房地产税实施经验可以很好借鉴，然而少有关注其税制制度设计与实施中隐藏的问题。通过结合 1982—2016 年台湾地区 20 个城市房价以及实质有效税率变化趋势佐证分析发现，长久以来房地产税税基被低估，致使房地产税有效税率极低，对于住房价格调控效果不佳。本研究以此为鉴提出了完善沪渝模式的建议，即(1) 有效积极的课税对象时机；(2) 科学合理的税基评估模式；以及(3) 可靠灵活的税率机制。

关键字　台湾经验；房地产税；沪渝试点；住房价格调控

1　前　言

虽然房地产税是调控房地产市场乃至经济社会发展的重要政策工具，1986 年颁布的《中华人民共和国房产税暂行条例》也明确了房地产税制度，然而迄今仅针对城乡生产经营性用房进行征收[1]。随着 2011 年沪渝房地产税扩围试点，2013 年中共十八届三中全会公布的《关于全面深化改革若干重大问题的决定》(中发〔2013〕12 号)提出应加快房地产税立法并适时推进改革，《国务院政府工作报告》也于 2019 年 3 月再次提及稳妥推进房地产税立法的目标方向，同年年底甫闭幕的《中央经济工作会议》也倡议住房市场的长效调控机制。房地产税，

收稿日期：2019 - 9 - 20

作者简介：林圣豪，逢甲大学建设学院博士，南京大学政府管理学院博士后。研究方向：土地管理、房地产经济。E-mail：shlin@nju.edu.cn；abcd19900418@gmail.com。

除了期待替代地方土地财政成为重要收入来源作为收入差距调整工具以外，其抑制房价并且对房地产市场的调控功能，也是备受关注的热点[2,3]。可见，探索房地产税征收方式具有重要的现实意义。

本文所指的房地产税是指住房保有期间缴纳的税种，在当前制度中即城镇土地使用税与房屋税。房地产税是我国台湾地区重要住宅市场调控手段[4]，因而许多文献认为未来房地产税改革的制度设计适合借鉴台湾房地产税[1,5-20]。然而，这些研究并未指出制度设计对住房市场的调控成效为何？本文将对台湾地区房地产税制度设计与实践经验的问题进行深入分析，结合过去30余年住房价格的历史数据检视其政策成效[21]，以此反思沪渝模式以及未来房地产税推动策略。

2 我国台湾地区房地产税制度设计与问题剖析

房地产税与当前开征城镇土地使用税与房屋税类似，我国台湾地区现行在保有期间实施的房地产税，主要有对土地与建筑物分别课征地价税与房屋税的双率税制形式[22]，尽管目前法令尚有针对农地课征田赋之规定，然其已于1987年停止征收[13]。而且针对空地课征的空地税，也因1985年面临的石油危机而停征。基此，以下仅针对地价税与房屋税的税基、税率以及施行存在的问题进行剖析。

2.1 地价税

目前台湾地区以申报地价为地价税的税基，根据每三年市、县政府地政专门部门提出的公告地价的八成计算。税率是采超额累进税率。税额的计算方式是，纳税人在各市、县政府持有的土地依各宗地的公告土地价格计算地价总额，接着依当年度各市、县管辖范围内土地700平方米之平均地价，但不包括工业用地、矿业用地、农业用地及免税土地计算的累进起点地价为基准。如果纳税人的地价总额未超过累进起点地价，则以千分之十的税率课征；假如地价总额超过累进起点地价且未达5倍者，其超过部分则以千分之十五课征；再假如地价总额超过累进起点地价介于5至10倍者，则此超过部分则以千分之二十五计征；以此类推，最高则以超过20倍以上者，皆以千分之五十五计征。

对于自用住宅与部分类型的用地，则给予相应的单一优惠税率。例如，自用住宅用地、劳工宿舍用地与国民住宅用地统一为千分之二的税率，公共设施保留地为千分之六的税率，另外工业用地、加油站、停车场等事业直接使用土地等或者公有土地，为千分之十的税率。其中，自用住宅优惠税率有一定的申请条件，其包括：(1) 土地所有权人、配偶或直系亲属于该地办竣户籍登记；(2) 无出租或供营业使用之情形；(3) 土地上的房屋是土地所有权人本人、配偶或直系亲属所有；(4) 土地所有权人与配偶及未成年受扶养亲属适用自用住宅优惠税率，以一处为限；(5) 都市土地面积以 300 平方米，非都市土地面积以 700 平方米为限。

尽管拥有一套完善的地价税制度设计，然事实上存在许多问题。首先是税基评估的问题，公告土地价格的产出会经历两个重要的关卡，先经区段地价评估阶段，再经地价评议委员会审议阶段，而正式订定。首先，区段地价是将地价相近、区段相连、使用情况相同或相近地区，划分同一区段，再就同一区段内搜集之实例价格中位数，定其区段价格[23]，意味其基于假设临近土地会受到相同市场力量影响的论点而将其划成同一区划，其则可能忽视土地个别特征[22]；而且区段划设的规模大小，会影响区段的精准度，区段划分范围太小容易造成实例数目不足，但划分太大则可能会缺乏一致性，而造成估价准确度的偏差[23]。而且，由于台湾地区自 2012 年始正式开展实际交易价格登记制度，意指在这之前，一直是缺乏可靠市场价格信息作为绘制区段地价的参考依据，所以都是以合理买卖实例单价求取其中位数为该区段地价，倘若无买卖实例及收益实例的区段，则是采用买卖实例比较法的评估程序，选取相似买卖实例区段后，按“影响地价区域因素评价基准表”及“影响地价区域因素评价基准明细表”进行比较修正而得[24]，因此，使得评价结果存在争议，但更重要是在地价评议委员会审议阶段。委员会成员的专业水平、避免地价大幅调涨而税负增长的个人利益或者避免影响政党政治等因素，使得土地估价作业遭遇人为干预的隐忧[25,23]。最后，尽管在 2017 年 5 月始修改公告土地价值重新评估的频率，由每 3 年一次调整为 2 年一次，然长久以来的低频率已受人所诟病。

目前采用的累进税率也存在逃税与资源错置的问题，由于目前适用超额累进税率的要件是其地价总额超过该县市的累进起点地价，而且不同县市间并不予以合并计算，因此为避免课高额的税，地主可能将土地资产布局在不同县市，以逃避地价总额的计算门槛[26]，而且由于各市、县其累进起点地价差异也很大，发展程度较高的城市拥有更高的累进起点地价(见表 1)，反之亦然，因而造成各县市之间有效税率存在更大的差异，扭曲资源的配置[27,28,13]。

基于上述税基评估的问题，从台湾地区“内政部”公布的历年公告地价占一般正常交易价格的比例也可以发现，台湾地区平均公告地价仅占市场价格的20%，以2018年六个市(即新北市、台北市、桃园市、台中市、台南市与高雄市)为例，最高仅分别为台北市的26.28%与高雄市的24.02%，其他四都皆低于20%，其中敬陪末座的则是台中市的13.58%。如此低的税基，也产生相当低的有效税率[25]。

表1　近年台湾地区六大市公告地价占一般正常交易价格比例　(%)

市	2013年	2016年	2018年
台北市	25.46	26.29	**26.28**
高雄市	23.99	24.27	**24.02**
台南市	18.70	19.42	19.18
桃园市	20.10	19.39	18.85
新北市	17.74	17.24	17.48
台中市	14.12	14.61	13.58
总计	**20.19**	**20.50**	**20.02**

资料来源：台湾地区"内政部地政司"[29]。

2.2　房屋税

目前台湾地区课征房屋税是以房屋课税现值作为税基，依据房屋标准价格乘上面积，并考虑折旧率与街路等级调整率(或称地段等级调整率)等因素，这是由各市、县不动产评价委员会所决定的。税率则是采用单一税率。大部分县市的自用住宅或者不限户数的公益出租人出租使用房屋仍依原本的1.2%的税率计征，其自用住宅优惠须符合：(1) 房屋无出租使用；(2) 供本人、配偶或直系亲属实际居住使用；(3) 本人、配偶及未成年子女全台合计3户以内。但是非自住之房屋，比如：公有房屋供住家使用或者经劳工主管机关核发证明文件之劳工宿舍等法定税率由1.2%至2%提高为1.5%至3.6%，另将供私人医院、诊所及自由职业事务所使用之房屋税率由1.5%至2.5%提高为3%至5%[30]。台湾地区的台北市更于2011年7月始对高级住宅加征房屋税①，另外自2014年7月起也

①　豪宅税的标准为：房屋为钢筋混凝土以上构造，经逐栋认定符合独栋建筑；外观豪华；地段绝佳；景观甚好；每层户少；户户车位；保全严密；管理周全等八大标准，且房总价8000万元(约合人民币1828万元)以上、每坪单价100万元(约合人民币6.9万元/平方米)以上或每户面积达80台坪(约合人民币265平方米)以上，及每栋房屋符合上述要件之户数达70%以上者，则整栋列入高级住宅，按其所处地点之路段率加价课征房屋税[30]。

针对新建房屋调高其房屋构造标准单价，并且依现有非自住的家用房屋与空置房屋采取差别税率课征房屋税，如果是台北市住房类型但并未作自住使用，在台北市2户以内税率皆以2.4%课征，3户以上者税率则统一为3.6%[31]。

当前房屋税的税基评估也存在一些问题，例如，当前标准价格的分级评定标准过于简化，且标准单价偏低，标准单价仅实际造价三分之一[23]，虽然台湾地区的有关规定要求房屋标准价格需每3年重新评定1次，但基于许多复杂因素，各市、县政府大多仅就辖区内房屋的地段率作调整，房屋构造标准单价则自1981年订定并沿用至今皆未有调整，致使现在与实际造价有巨大的落差。例如，台北市2014年7月起调高的新建房屋构造标准单价，特别是钢筋混凝土造总层数为6层楼以下低楼层建筑物，其与早期的价差竟达3倍，这由在1981年所兴建之房屋多为总层数6层以下的建筑物，建材及防震系数等建筑规格较低所致[31]。此外，由于目前皆以最高可折旧年数60年为基础，即残值率为40%，并采取定额法的直线折旧路径作为计算方式，因而在折旧的计算上也产生了不公允的现象，因为建筑物折旧率不一定每年折旧速度是相当的[23]。最后，街路等级调整率也有重复计算建筑物区位价值的疑虑，也受到了评判[28]。

3 房地产税成功抑制了住宅价格吗？

尽管现行名目地价税率为1%到5.5%，而名目房屋税率为1.2%到3%(现最高已为3.6%)，但是由于上述房地产税的评估问题以及相关自用住宅优惠税率等条件，房地产税有效税率是相当低的，并且对于房价几乎没有调控效果。比如，蔡吉源则认为现有的土地税制将有利于土地投机和增加土地价格[32]。彭建文等则认为严重扭曲的房地产税制导致住宅持有成本偏低，进而产生超额需求以及供给流动性不足，是台湾地区房价不断上涨的重要原因[25]。Bourassa和Peng在探索台湾高自有率的影响因素时发现，由于住宅持有成本相当低，房价上涨成为其拥屋的关键因素[33]。Chan和Chen将悉尼与台北地区房地产税的制度进行分析发现，台北的房地产税及相关费用几乎不会影响房价[34]。陈柏如检验台北市房屋使用者成本与实质房价的关系发现，房屋使用者成本对台北市房价的影响系数未达显著水平，因为其房价升值速度较用户成本来得更快[35]。Lin等则发现，1982—2016年台湾地区房地产税对无论是供给过度或未供给过度地区长期住宅需求没有统计上显著的抑制作用[21]。

由于台湾地区缺乏一长久且完整的城市尺度房价数据源，因而本文参照 Lin 等汇整的房价①(请参见图 1)与房地产税有效税率②(请参见图 2)的数据发现[21]，1982—2016 年 20 个市、县几乎所有城市的平均每房中位数房屋价格在这 30 余年间处于不断增长的趋势，特别是台北市，从 2000 年起房价更呈现大涨幅

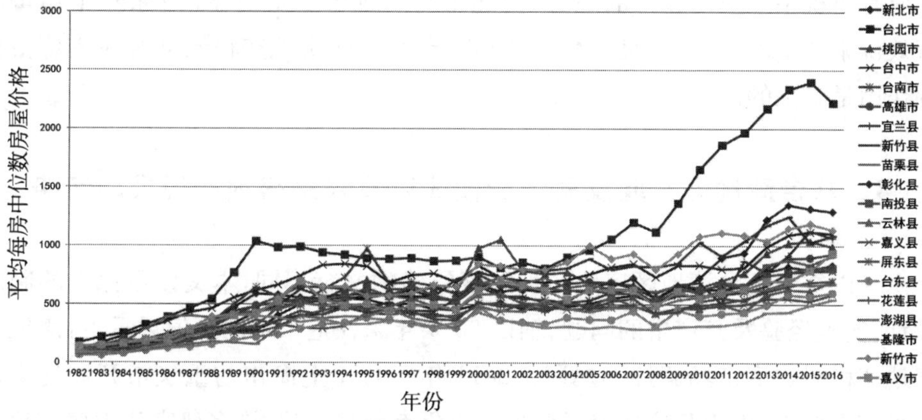

图 1　1982—2016 年台湾地区 20 个市、县平均每房中位数房屋价格

资料来源：数据来源自 Lin 等[21]。单位为每房新台币万元。

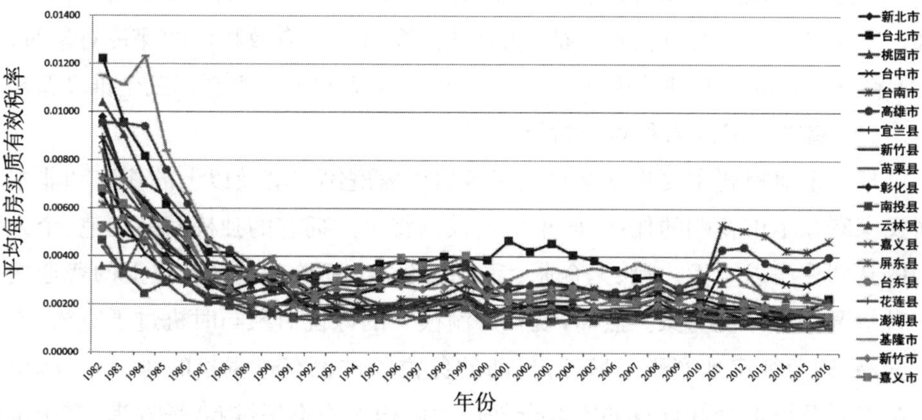

图 2　1982—2016 年台湾地区 20 个市、县平均每房实质有效税率

资料来源：数据来源自 Lin 等[21]。

① Lin 等依照台湾地区住宅状况调查报告、“内政部”中古屋房地价格与近年出台的实价登录系统等各类统计数据进行架接，并经过通膨调整后计算进而得到 1982—2016 年 20 个市、县平均每房中位数房屋价格[21]。

② 平均每套住房财产税有效税率依其平均每房负担的地价税与房屋税的总额，除上平均每套住房中位数价格所得。

的态势,总体而言,房地产税对其调控产生不了太大的作用。这样的结果也能从各城市平均每套住房房地产税有效税率变化得到印证。1982 年时,房地产税实质有效税率最高的城市,如台北市与高雄市,还能达到 1.2%左右,而随着时间推进,所有城市中,最高的有效税率最高也才约莫 0.4%,从整体变化趋势更显见,实质有效税率是呈现递减的态势,台北市与高雄市更是明显,30 余年平均每房有效税率从 1.2%降至不足 0.4%。因此,台湾地区房地产税制度对住宅价格抑制作用是有限的。

4 从台湾地区经验反思沪渝模式以及未来房地产税推动策略

与以往借鉴台湾地区房地产税制度经验的文献不同,本文以更深入的制度设计、实施经验及其产生的问题,辅以 30 余年来住宅市场的数值揭示,台湾地区房地产税对住房市场调控的局限。2011 年 1 月于上海市与重庆市开展的房地产税扩围试点,因为其住房市场调控效果仍有诸多争议,许多研究认为房产税政策并没有如原先期待抑制房价过快上涨[36,37]。

通过台湾地区经验可以很好地提出未来房地产税全面扩围的推动策略轮廓。本文基于"房地产税合一"征收的角度,提出 (1) 有效积极的课税对象时机;(2) 科学合理的税基评估模式;以及(3) 可靠灵活的税率机制等三个推动策略。

(1) 有效积极的课税对象时机

现行上海模式主要将新购且属于该居民家庭第二套及以上的住房和非本市居民家庭在本市新购的住房,而重庆模式则将个人拥有的独栋商品住宅、个人新购的高档住房以及无户籍、无企业、无工作的个人新购的首套及以上的普通住房三种情况作为课税对象。然而,现在沪渝模式的课税对象与时机过于宽松,倘若无交易,即免征房地产税。另外,目前的免税条件也有过宽松的嫌疑,上海市是以第二套及以上合并计算的家庭全部住房面积人均不超过 60 平方米,重庆市则是以原先已有的独栋商品住宅免税 180 平方米或新购的独栋商品住宅、高档住房 100 平方米作为免税条件。

本文建议未来推动全面性实施房地产税时,应把握有效积极的课税对象时机设计精神。首先,应将存量一并纳入,并且应参考台湾地区的实施经验,每年征收一次房地产税。再者,许多研究争议当前沪渝模式自用住宅免税过宽松,因此应该依据地区现实住房情形合理制定自用住宅优惠的条件,避免造成非投机住房需求家庭税负过重，也能达到抑制投机性住房的调控目标。

（2）科学合理的税基评估模式

税基是房地产税发挥抑制住房价格最重要的关键之一。尽管沪渝模式希望以房产评估值作为长久的计税依据，然而现仍以住房的市场交易价格作为课税基准，上海模式尚给予减免30%的优惠，以应税交易价格的70%作为课税税基[38]。这一设计的问题在于，倘若该住房无市场交易行为，便会缺乏税基依据，随着时间推演，建筑物周边区位改变与自身折旧因素产生的价值改变未进一步考虑时，则可能产生税基偏差，导致课税不公允的现象。

本文建议未来推动全面性实施房地产税时，应采取科学合理的税基评估模式。在开展全面性的房地产课税前，应尽快完备全国统一的不动产登记系统。其次，可参考台湾地区部分经验做法，由地方政府组织一个公允的税基评估小组，负责制订税基作业准则与税基终审，但为了避免人为因素干预影响税基的公允性，应设立相应的专属监管单位对有疑义的评估结果进行再检视。关于评估作业方式，则可由地方政府委托大学或相关学术机构，以住宅市场价格为依据，以更科学、更先进的评估方法进行评估，并就区位、建筑物折旧状态等参数进行必要的修正。最后，为了避免如台湾地区以往低评估频率经验，加之许多城市正处于市场快速成长的态势，建议地方政府应至少每年要重新评估其税基，避免过低税基影响征收成效。

（3）可靠灵活的税率机制

上海模式设定房地产税的基本税率为0.6%，若是应税住房每平方米市场交易价格低于上年度新建商品住房平均销售价格2倍（含2倍以上），则采0.4%的优惠税率。重庆市则就不同类型住宅商品给予不同的差额税率，基本为0.5%，最高则可征收到1.2%税率。其为名目税率，在扣除原先的免税优惠条件等因素后，事实上，其有效税率可能更低，致使无法达到调控房地产市场的效果，并且税率的制定也容易受到质疑。

本文建议未来推动全面性实施房地产税时，应制定可靠灵活的税率机制。单一税率是一个更简单的课征方式，但是税率制订必须具有可靠性与灵活性。为避免如台湾地区房地产税与地方公共服务设施脱钩的失败经验[39]，发挥房地产税成为地方公共支出重要财源的使命，可参考美国课征财产税的经验，以每年地方应经常性负担的地方公共服务支出作为课税的依据，依受益比例及其前述评估的课税税基作为分算基础，进而获得房地产税率估算合理的房地产税税额。

在这之中，由于房地产税率会因公共服务支出与房价变动而具有其变化性，因而还需保留地方政府制订税率的灵活性。

参考文献：

[1] 戴长松.两岸房产税制要素比较分析[J].知识经济，2014(24)：71-72.

[2] 郭宏宝.房产税改革目标三种主流观点的评述——以沪渝试点为例[J].经济理论与经济管理，2011(8)：53-61.

[3] 王家庭，曹清峰.房产税能够降低房价吗——基于DID方法对我国房产税试点的评估[J]，当代财经，2014(5)：34-44.

[4] 黄忠华，杜雪君.两岸房地产市场发展与调控政策：经验、比较与启示[J].台湾研究. 2014(03)：49-61.

[5] 漆亮亮，项有义.两岸房地产税收比较[J].涉外税务，2002(09)：42-46.

[6] 李文.海峡两岸房地产税收体系比较[J].涉外税务，2006(10)：55-58.

[7] 杜雪君，吴次芳，黄忠华.台湾土地税制及其对大陆的借鉴[J].台湾研究，2008(05)：42-47.

[8] 李举达，李佐凡.累进式房产税可有效调控房价——兼评重庆、上海房产税试点方案[J].特区经济，2011(08)：111-114.

[9] 厦门市地方税务局课题组(吴振坤，王增加，张标敏，汤镇国，赵宇，李栋文).海峡两岸房地产税制比较研究[J].福建论坛(人文社会科学版)，2011(09)：125-131.

[10] 何琪.我国两岸三地土地房产财税体系比较研究[J].中国财政，2013(23)：66-68.

[11] 王奇超，刘玉平.借鉴国际经验 完善我国房地产税税基评估体系[J].国际税收，2014(04)：31-34.

[12] 何峰.台湾地区房屋税及借鉴[J].国际税收，2014(4)：57-60.

[13] 程一.台湾房地产保有税之经验借鉴[J].中国房地产，2015(30)：27-29.

[14] 李文，董旸.海外房地产税比较[J].税务与经济，2015(02)：96-103.

[15] 李永刚.港澳台房地产税制度比较及大陆征税效应分析[J].亚太经济，2015(03)：144-148.

[16] 洪江.房地产税改革：基本形势、经验借鉴与策略建议[J].经济与管理，2015，29(05)：70-75.

[17] 苏京春.房地产税国际经验述评及借鉴——以全球十一个国家和地区为例[J].经济研究参考,2015(71):37-45.

[18] 漆亮亮.我国台湾地区“房地合一税”改革[J].国际税收,2016(03):52-54.

[19] 李永刚,靳东升.港澳台房产税制度比较及启示[J].宁夏社会科学,2017(3):94-97.

[20] 漆亮亮,陈莹,赵宇.海峡两岸房地产税收的现状比较及启示[J].税收经济研究,2017,22(05):39-44.

[21] LIN S H, LI J H, HSIEH J C, et al. Impact of property tax on housing-market disequilibrium in different regions: evidence from Taiwan for the period 1982—2016[J]. Sustainability,2018,10(11): 4318.

[22] LIN T C. Property tax inequity resulting from inaccurate assessment—The Taiwan experience[J]. Land Use Policy,2010,27: 511-517.

[23] 林子钦,林子雅.公部门不动产估价成效评估——公平性之观点[J].住宅学报, 2008, 17(2): 63-80.

[24] 徐国城,李泳龙.公告土地现值评价作业中区域因素调整率的合理性检讨[J]. 土地问题研究,2007,6(4): 58-67.

[25] 彭建文,吴森田,吴祥华. 不动产有效税率对房价影响分析——以台北市大同区与内湖区为例[J].台湾土地研究,2007, 10(2): 49-66.

[26] LAM A H S, TSUI S W. Policies and Mechanisms on Land Value Capture: Taiwan Case Study[M]. Cambridge, MA: Lincoln Institute of Land Policy, 1998.

[27] 蔡吉源.论土地税制改革:地价税与增值税[J]. 财税研究,1997(7):77-87.

[28] 谢静琪.土地税达成地利共享、地尽其利的目标吗?[J].财税研究,2004,36(1): 59-85.

[29] 台湾地区“内政部地政司”.地价统计资料[EB/OL].[2018-12-24] https://www.land.moi.gov.tw/chhtml/content.asp? cid=14&mcid=194.

[30] 台湾地区“财政部”. 地方税节税手册[EB/OL].[2018-12-24]https://www. etax. nat. gov. tw/etwmain/web/ETW118W/CON/407/7775730141158911903? tagCode=.

[31] 台北市税捐稽征处. 2015 年房屋税变革说明[EB/OL].[2018-12-24]

https://tpctax.gov.taipei/cp.aspx? n=B7228665B46351C7.

[32] 蔡吉源.台湾土地课税制度:问题、影响与改革[J]. 台湾土地研究,2001(3):37-82.

[33] BOURASSA S C, PENG C W. Why is Taiwan's homeownership rate so high? [J]. Urban Studies,2011,48(13):2887-2904.

[34] CHAN N, CHEN F Y. A comparison of property taxes and fees in Sydney and Taipei[J]. Property Management,2011,29(2):146-159.

[35] 陈柏如. 台湾房价与贷款成数、房屋使用者成本相关性的检验[J]. 经济研究, 2015, 51(2):225-256.

[36] DU Z C, ZHANG L. Home-purchase restriction, property tax and housing price in China: A counterfactual analysis [J]. Journal of Econometrics, 2015,188:558-568.

[37] 于静静, 周京奎. 房产税、房价与住房供给结构——基于上海、重庆微观数据的分析[J].经济问题探索, 2016(1):42-48.

[38] 黄洪,何光其,廖明刚,等.个人住房房产税:沪渝效果剖析与未来制度完善[J].税务研究, 2017(6):50-54.

[39] 林圣豪,谢静琪.地价税及房屋税在地方政府财政支出中所扮演之角色——以美国佛罗里达州财产税个案为例[J].土地问题研究,2018,17(2):40-49.

Rethinking the Reform Pilot and Promotion Strategies for Property Tax in Shanghai and Chongqing from the Taiwan's Experience

Shenghau Lin[1, 2]

(1. College of Construction and Development, Feng Chia University, Taichung 40724, China; 2. School of Government, Nanjing University, Nanjing 210023, China)

Abstract: With the pilot reform of property tax in Shanghai and Chongqing since 2011, property tax has been a hot topic in the recent years. Many studies believe that the implementation experience of property tax in Taiwan can be used as reference. However, few studies focus on the hidden problems in the design and implementation of property tax system, and its effectiveness in regulating housing prices. Analysing changes in housing prices and property tax rates in 20 cities in Taiwan for the period of 1982 to 2016, it was found that the property tax base has been underestimated for a long time, resulting in a very low effective tax rate. Property tax was not obvious for the regulation of housing prices in Taiwan. Three recommendations for improving the pilot reform of property tax in Shanghai and Chongqing was presented in this study, including effective taxation purpose and timing, scientific and reasonable tax base evaluation, and reliable and flexible tax rate mechanism.

Key words: Taiwan's experience; property tax; reform pilot; housing price regulation

环境规制对产业用地效率的影响研究
——以长三角地区为例

沈艳[1],杨跃聪[2]

(1. 南京大学地理与海洋科学学院,江苏　南京 210023;

2. 河海大学公共管理学院,江苏　南京 210023)

摘要　环境规制对于土地利用变化尤其是产业用地效率的影响日益受到广泛关注。本文着重探讨了环境规制对产业用地效率的影响机理,在此基础上通过构建计量模型,并利用 2005—2016 年长三角地区 25 个城市的面板数据,实证检验了环境规制对二产用地效率的具体影响。结果表明,二氧化硫去除率、烟(粉)尘去除率、固体废物综合利用率的提高对于二产用地效率的变化有着正向影响;环境规制强度的增加有助于促进二产用地效率的提高;进一步地,对处于不同产业主导阶段的城市,环境规制对二产用地效率的影响有所差异,固体废物综合利用率与二氧化硫去除率分别对二、三产主导型城市影响显著。论文最后从提升产业用地效率的角度提出了相关政策建议。

关键词　环境规制;产业用地;土地利用效率;长三角地区

一、引　言

当前中国经济正处于由高速转向中高速发展的阶段,在关注速度的同时更追求发展质量。然而,耶鲁大学公布的《2018 全球环境绩效指数》报告却显示,中国整体的环境状况排在第 120 位,在空气质量问题上排在倒数第四位。环境问题不仅会对生活造成影响,更将成为制约中国经济发展的瓶颈。对此,中国政府在“十三五”规划中明确提出要坚持“创新、协调、绿色、开放、共享”的发展理

收稿日期:2019-11-15

作者简介:沈艳(1996—　),女,硕士研究生,研究方向:土地经济与区域可持续发展,E-mail:17826854101@163.com。

念，十九大报告中又进一步强调建设生态文明是千年大计。为落实中央的顶层设计，近年来一系列环境保护政策得以建立健全，各级政府也加强了对环境污染行为的严格管控。可以说，环境规制已对中国经济社会发展产生了不可忽视的影响。众所周知，土地是经济社会发展的重要承载，环境规制的实施与调整是否也会对企业的土地利用行为，尤其是产业用地利用效率产生影响？这是一个值得研究的问题。

环境规制是指政府针对资源浪费和环境污染问题实施的相关政策法规和措施的总和[1-2]。环境规制的作用效果是近些年的研究热点，涉及环境规制对经济效率[1-3]、技术创新[4-6]、产业发展[7-12]、国际贸易等方面的影响[13-14]，但却较少有文献系统探讨环境规制对产业用地效率的影响。从相关领域即环境规制对产业发展的影响来看，Seulgi Yoo 等[15]发现环境规制对污染产业的劳动生产率和就业产生了负面影响，高污染的企业承担了更多的成本负担，生产绩效受到制约；雷玉桃和柳明璐[9]采用中国省级面板数据进行分析，认为环境规制强度对工业竞争力能起到促进作用；李虹和邹庆[12]对中国 282 个城市的面板数据进行分析后发现，环境规制对产业转型也存在着显著的门槛效应；当然，环境规制对产业绩效的影响还受监管质量、环境壁垒、工业特征和国家工业水平等诸多因素影响[16]。Rassier 等[17]、Rubashkina 等[18]、王杰等[19]、张江雪等[20]学者的研究还进一步证实了环境规制对产业绩效的影响存在时空异质性、行业异质性等特点。

相对而言，探究土地利用效率背后的影响因素一直是相关领域关注的热点。杨勇和郎永建[21]通过实证研究发现城镇化对土地利用效率有显著的促进作用，物质资本投入密度对土地利用效率的影响比人力资本的投入密度影响更大；赵爱栋等在分析中国省级面板数据的基础上，发现工业用地市场化改革促进了工业用地利用效率的提高[22]；Du[23]、Gao[24]等的研究亦证实了这一观点；田柳等[25]的研究则表明城市空间结构紧凑度会影响各类发展要素在空间上的分布和流通，进而影响城市土地利用效率。梳理相关研究不难发现，学者们多从城市土地利用结构、城市经济发展、地方政府行为等方面探讨土地利用效率的影响因素[26]，聚焦于经济和社会层面，目前还较少有从环境角度进行考察，且大多是针对区域整体的土地利用效率，较少涉及产业用地效率方面。

尽管直接探究环境规制与产业用地利用效率间关系的文献较少，但产业绩效在很大程度上与产业用地效率密不可分，相关研究仍具有较大借鉴意义。此外，考虑到现有文献多聚焦于省级层面，较少有针对市级尺度的相关研究。因此,本文将以长三角地区25个城市为例,系统探讨环境规制对二产用地效率的具体影响。论文接下来的安排如下:第二部分主要从理论层面探讨环境规制对产业用地利用效率的影响机理;第三部分将构建计量模型,并对环境规制水平与二产用地效率间的关系作初步分析;第四部分是模型估计及其结果分析;最后是研究结论及相关政策建议。

二、理论分析

制度与政策实施的影响往往是通过相关主体的行为转变而间接形成的。环境规制作为环境领域的具体政策,其对产业用地效率的影响与企业面对环境规制压力所作出的行为响应有着密切联系。需要说明的是,本文所指的环境规制主要是二产(主要是工业)生产领域的环境控制政策,如工业"三废"排放标准。环境规制对企业的压力可分为直接压力与间接压力两种。直接压力源于企业在生产中按照环境规制要求必须达到的指标(如排放标准、排放许可等)或缴纳的税费(如排放税、污染治理费等)[27]。间接压力则源于政府与公众在环境规制实施过程中对企业的监管或监督。政府通过公权力保障环境规制的实施,政府监管会对企业的环境污染行为起到震慑作用;而政府出台的法案也赋予了公众在环境治理中的参与权与监督权,公众可以通过媒体曝光、协商谈判、联合抵制、向环保部门举报等行为向企业施压[28]。概括而言,在环境规制的压力下,企业很可能会做出以下三方面行为响应,从而对产业用地效率产生不同的影响效应(图1)。

(1) 尽管面对政府的环境规制措施,但企业仍按原来的工艺技术和发展方向进行生产运营,缺乏工艺改进或技术创新的动力来减少污染。在此情形下,企业为应对政府的环境规制措施和各方监管监督,必然要付出更多的运营成本和经济负担(如支付环境污染方面的税费等)。这种情形即环境规制实施对企业产生的成本效应[28],其对企业的产出效益会带来不利影响[15-16],从而导致产业用地效率的下降。

(2) 面对环境规制带来的生产压力和经济负担,企业仅靠末端治理与成本压缩并不能维持其长期发展,因此一部分企业会在规制政策的激励下积极开展创新活动(波特假说)[9],如加大科技投入、改良技术工艺和升级生产设备等,以达到合乎环境规制要求并节约相关成本的目的。这种情形即环境规制驱动企业

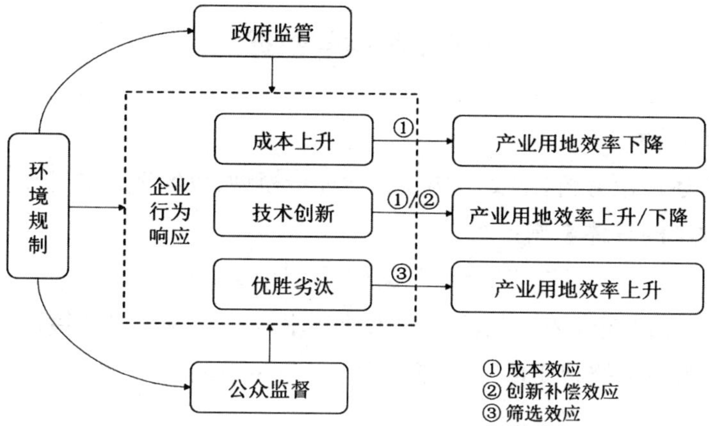

图 1　环境规制对产业用地效率的影响机理

Fig. 1　Influence mechanism of environmental regulation on the utilization efficiency of industrial land

形成的“创新补偿效应”[4-5]，其对产业用地效率的影响最终还会受到前述成本效应的制约：一方面，如若创新补偿超过环境规制带来的成本，企业的利润率与生产率将提高，竞争力也将上升[29]，且技术创新具有溢出效应，某些企业的研究成果会逐渐扩散至整个产业，使环境效益和产业绩效达到“双赢”[30]，从而促进产业用地效率提升；但另一方面，如若创新补偿只能抵消部分成本，成本效应仍占主导，企业的产出绩效和用地效率则会下降。

(3) 环境规制无疑对技术、资本等要素提出了更高要求。受此影响，生产效率低下、创新水平不济的企业将面临淘汰，新企业入驻的壁垒也相应提高。一般而言，不同规模的企业在相同环境规制下会有不同的反应，大企业有能力就地“绿色创新”，中等规模企业选择“污染转移”，小企业往往就此倒闭[31]。此外，在环境规制的影响下，各地对入驻企业的“偏好”可能发生改变。“高能耗、高污染、高排放”的传统企业不受欢迎，低碳环保、高生产率的高新技术企业将更受青睐，享受更多资金扶持、财税优惠与人才优惠。“优胜劣汰”的筛选效应有利于产业生态系统的更新，吸引资本、劳动力、技术等要素的流入。随着技术先进、高生产率的企业数量的增多，产业用地效率也将因此得以提升。

总之，环境规制会对产业用地效率产生不同程度的影响(既有正向也有负向影响)。对于不同地区而言，究竟环境规制水平的变化最终会对产业用地效率产生何种影响？还有待进一步的模型检验。

三、模型与数据

1. 模型构建

基于上述理论分析，本文将构建如下计量模型，以实证检验环境规制水平对产业用地效率的具体影响：

$$ECCZ_{it}=c+\alpha_j ERI_{it}^{k}+\beta_k Z_{it}^{j}+\mu_{it} \tag{1}$$

式中：$ECCZ_{it}$为城市i在t年的二产用地效率，ERI_{it}^{k}为反映环境规制水平的一组变量，Z_{it}^{j}为一组控制变量，c为常数项，α_j与β_k为估计系数，μ_{it}为误差项。变量解释如下。

(1) 被解释变量：多数研究在衡量土地利用效率时从"投入—产出"两个维度制定指标体系，利用数学方法计算综合效率值[26]。本文选择地均二产产值(*ECCZ*，亿元/平方千米)作为指标，以此直观反映二产用地效率。

(2) 解释变量：目前在衡量环境规制水平的指标选择上，主要有以下思路：① 基于污染治理投入的单个指标，如工业污染治理投资完成额、排污费总和等[2]；② 基于污染治理效果形成的综合指标，如工业废水处理率、工业二氧化硫去除率、工业烟(粉)尘去除率等[12,32-33]；③ 基于政府与公众应对情况所生成的单个指标，如环境法规条例个数、群众因环境问题的上访次数等[1]。考虑到工业是环境污染的主要输出行业，以及城市层面数据的可获得性，本文采用上述第二种思路，选择以下三个指标来反映环境规制水平：分别为工业二氧化硫去除率(*EYHL*，%)、工业烟(粉)尘去除率(*YFC*，%)、一般工业固体废物综合利用率(*GTFW*，%)。

(3) 控制变量：土地利用效率本质上是投入—产出关系的具体体现，因此控制变量的选取可从产业结构、劳动力、资本、技术等方面入手。根据张荣天、李佳佳、何好俊等学者的研究[2,12,34-36]选取以下指标：① 产业结构高级化，以三产增加值占GDP比重(*IS*，%)表示[2]。配第-克拉克理论认为，随着产业结构的升级，产业会沿着一产、二产、三产的次序转移，第三产业所占比重越大，产业结构越高级。据计算，2016年全国建设用地与农用地的效率差达到356.98倍，这表明产业结构升级有利于产业用地效率提升。② 劳动力投入，以地均二产从业人员数(*HR*，万人/平方千米)表示。劳动力是开展生产的必要条件，对于劳动密集型的行业而言更为重要。在一定范围内，劳动力的增加对产业用地效率起促进作用。③ 资本投入，以地均二产固定资产投资(*FAI*，亿元/平方千米)表示。

投资是资本形成的重要源泉[12]，产业活动的各项环节都离不开资金的输入。生产条件的完备与否取决于资本投入的多寡，从而影响产业用地效率。④ 技术创新，以地均专利授权量（RI，个/平方千米）表示。现代经济增长理论表明，技术是经济增长的源泉之一，专利授权意味着生产技术的先进化、科学化，专利授权数越多，创新产出越高[38]，产业用地效率也越高。

细化后的模型如式(2)所示：

$$ECCZ_{it}=c+\alpha_1 EYHL_{it}+\alpha_2 YFC_{it}+\alpha_3 GTFW_{it}+\beta_1 FAI_{it}+\beta_2 IS_{it}+\beta_3 HR_{it}+\beta_4 RI_{it}+\mu_{it} \tag{2}$$

2. 研究区域与数据来源

本文的研究区为长三角地区 25 个城市，包括上海、南京、无锡、徐州、常州、苏州、南通、连云港、淮安、盐城、扬州、镇江、泰州、宿迁、杭州、宁波、温州、嘉兴、湖州、绍兴、金华、衢州、舟山、台州、丽水。所使用的是这些城市 2005—2016 年的面板数据。

就数据来源而言，二产用地面积以工业用地面积和物流仓储用地面积之和代替，均来源于历年《中国城市建设统计年鉴》；二产产值与 GDP 来源于历年《中国城市统计年鉴》；工业二氧化硫去除率、工业烟（粉）尘去除率、一般工业固体废物综合利用率来源于历年《中国城市统计年鉴》与各市统计年鉴；三产增加值、二产固定资产投资以及专利授权量来源于各市统计公报；二产从业人员数来源于各市统计年鉴。由于年鉴数据的口径问题，二产用地面积只获得市辖区数据，因而二产产值、二产固定资产投资均采用市辖区数据，其余数据皆为全市数据。部分缺失数据运用均值插补法、其他相似指标代替等方法进行填补与完善。

表 1 为各变量的样本描述统计值。可以看到，除 RI 外所有变量的均值皆大于标准差，样本数据总体较为平稳。因变量 $ECCZ$ 数值差异较为显著，平均值为 18.21 亿元/平方千米。RI 的均值小于标准差，在一定程度上分布不均匀，其他自变量分布较均匀。

表 1 变量数据的描述统计值

Tab. 1 Description statistics of variable data

变量	样本量	均值	标准差	最小值	最大值
ECCZ	300	18.211	13.226	4.568	95.672
EYHL	300	0.560	0.235	0.006	0.997
YFC	300	0.970	0.041	0.719	0.997

续　表

变量	样本量	均值	标准差	最小值	最大值
GTFW	300	0.948	0.047	0.716	1.000
IS	300	0.421	0.0667	0.303	0.687
FAI	300	22.584	19.165	1.171	186.762
HR	300	4.242	3.912	0.394	26.403
RI	300	259.885	328.518	4.586	2284.809

3. 环境规制水平与二产用地效率间关系的初步分析

在估计上述计量模型之前,可以通过对长三角区域层面相关数据的统计分析,对环境规制水平与二产用地效率间的关系进行初步判断。从图 2 所示 2005—2016 年长三角地区地均二产产值的变化情况可以看出,总体上长三角城市在二产用地效率上呈现上升趋势,2005—2012 年上升迅速,2012—2016 年在起伏中略有增长。在空间上,温州、杭州、常州、舟山、南通的二产用地效率较高,连云港、衢州、上海、金华、台州则处于末位。历年地均二产产值均值大于 20 亿元/平方千米的城市有 11 个,小于 10 亿元/平方千米的城市有 5 个。江苏内部的二产用地效率为苏南地区＞苏中地区＞苏北地区。浙江中部城市的二产用地效率明显低于南北两端,但北部的湖州与嘉兴的效率水平不高(图 3)。

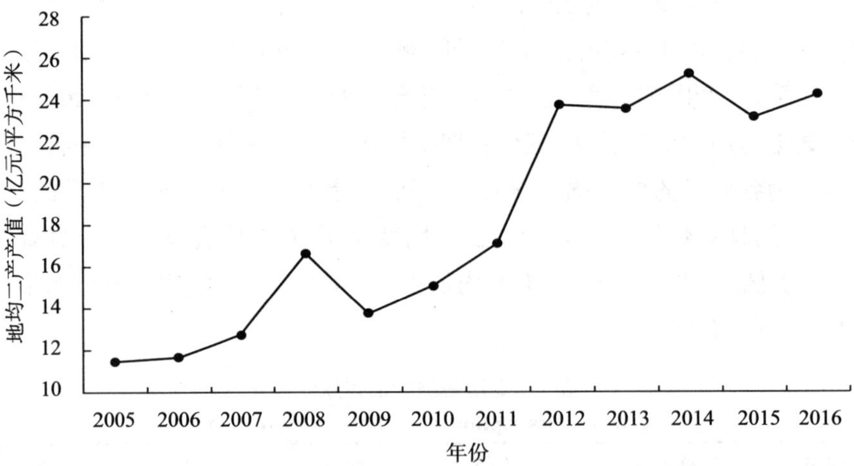

图 2　2005—2016 年长三角地区二产用地效率变化情况

Fig. 2　Changes in utilization efficiency of secondary industry land in the Yangtze River Delta region from 2005 to 2016

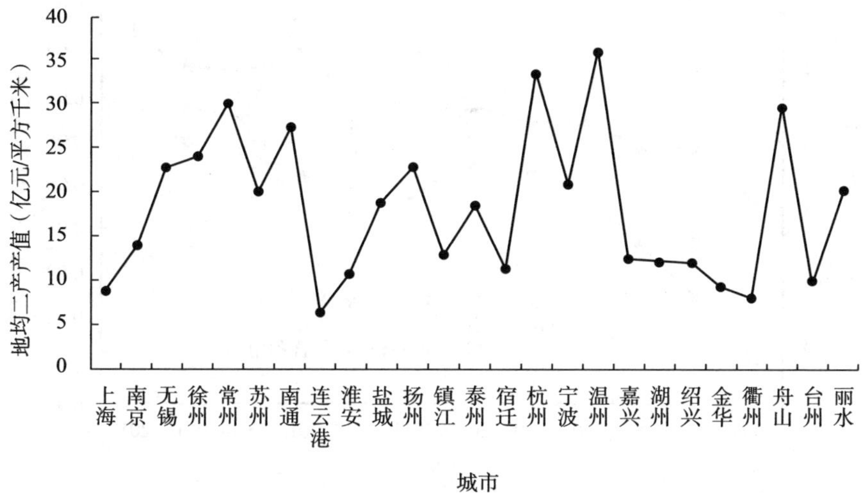

图 3　2005—2016 年长三角各城市二产用地效率变化情况

Fig. 3　Changes in utilization efficiency of secondary industry land in cities of the Yangtze River Delta region from 2005 to 2016

从对应时期的环境规制情况来看，长三角地区的总体水平也有所提升。工业烟（粉）尘去除率与一般工业固体废物综合利用率均较高，整体保持在 90%以上。工业烟（粉）尘去除率增加 3.94%，提升速度减缓。一般工业固体废物综合利用率则在波动中下降了 2.14%。二氧化硫去除率在三项中最低，但从 2005 年到 2016 年提升明显，从 26.97%上升至 78.49%（图 4）。工业烟（粉）尘去除率与工业固体废物综合利用率已接近饱和，相比之下二氧化硫的去除工作还有很大的提升空间。这不仅需要在技术方面有所突破，相关政策措施也要跟上，如 2008 年上海的二氧化硫去除率陡增，这是其实施《2008 年上海市主要污染物总量减排工作计划》的明显成果。从空间上看，浙江东部城市与江苏中部城市的环境规制水平较高。环境规制的空间差异不大，说明长三角地区的环境管理力度较为一致。值得关注的是，2005 年时内陆城市的二氧化硫去除率与固体废物综合利用率整体高于沿海城市，但 2016 年沿海城市超过了内陆城市。这可能是产业转移的结果，长三角地区沿海的城市在经济与产业上较为发达，其在发展过程中逐步将污染产业迁移至周边城市，承接产业的地区为了经济利益可能会适当放宽环境规制。

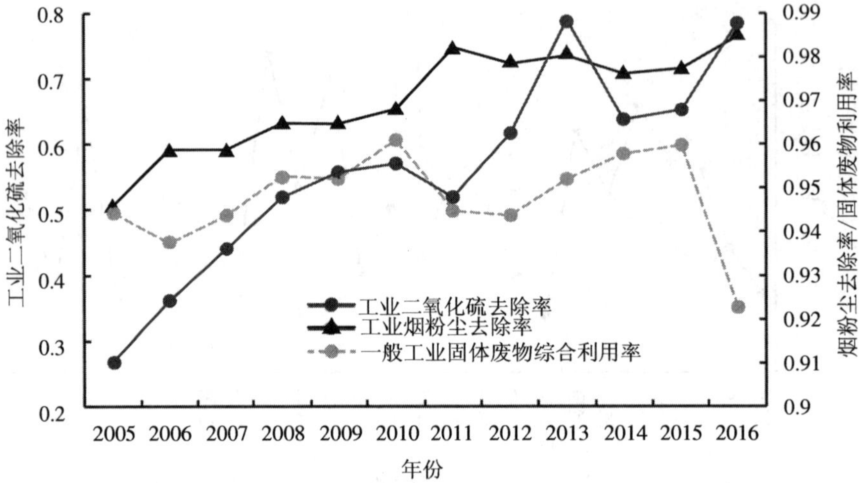

图 4 2005—2016 年长三角地区环境规制水平变化情况

Fig. 4 Changes in the level of environmental regulation in the Yangtze River Delta region from 2005 to 2016

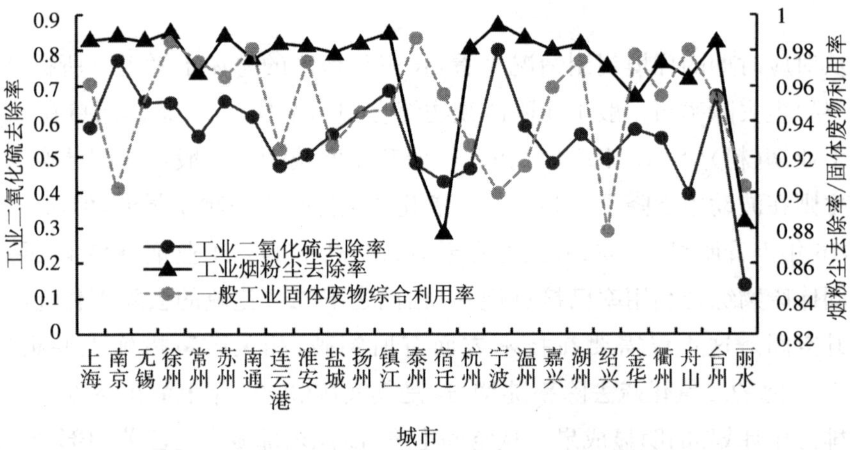

图 5 2005—2016 年长三角各城市环境规制水平变化情况

Fig. 5 Changes in the level of environmental regulation in cities of the Yangtze River Delta region from 2005 to 2016

图 6 反映了 2005—2016 年长三角地区的环境规制水平与对应地均二产产值间的关系。可以看到,反映环境规制水平的三项指标与地均二产产值均呈正向变化趋势。也就是说,随着环境规制水平的提升,二产用地效率呈现增长态势。

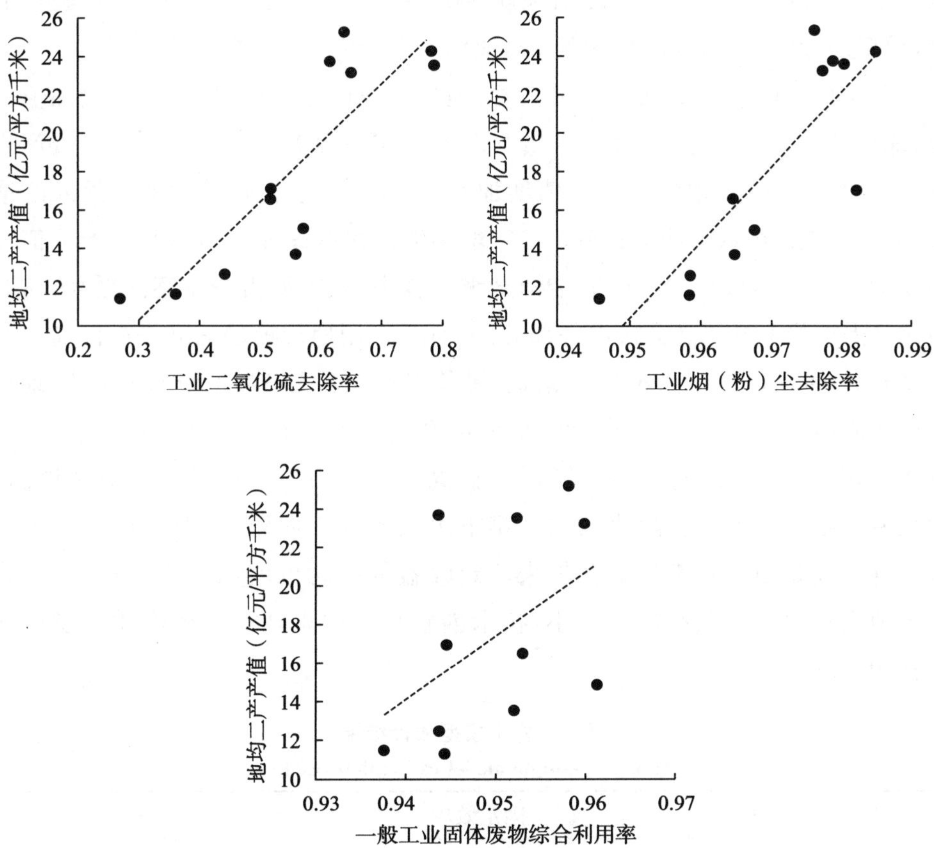

图 6 长三角地区环境规制水平与二产用地效率间的关系

Fig. 6 Relationship between utilization efficiency of secondary industry land and environmental regulation level in the Yangtze River Delta

四、模型估计结果分析

1. 总体样本估计结果分析

由于估计前述计量模型所使用的是面板数据，因此这里运用 Stata15.0 软件分别估计了混合模型、固定效应模型以及随机效应模型，并基于相关统计指标来判断选择最佳的模型估计结果。具体地，我们首先对混合模型的结果进行了 F 检验，P 值小于 0.05，说明混合模型不适用；接着估计了固定效应和随机效应模型，Hausman 检验（其 P 值为 0.8329，远大于 0.05）拒绝了固定效应模型，因而最终选择随机效应模型。估计结果如表 2 所示。总体来看,R^2 和 F 检验均显著,模型估计效果较好,且所有变量对地均二产产值均为正向作用。

首先从控制变量的估计结果来看,地均二产固定资产投资、三产增加值占比、地均二产就业人员数均在 1%的显著性水平下显著。地均二产固定资产投资每增加一个单位,地均二产产值增加 0.317 亿元,这表明随着资本投入的增多,二产用地产出效率明显提升。三产增加值占比每提升 1%,地均二产产值增加 0.340 亿元,可以认为在产业结构升级过程中,三产所占份额逐渐增大,对商服用地需求的上升势必会挤占一部分二产用地,用地规模的缩减进而倒逼二产转型升级,进而促进用地效率的提高。地均二产就业人员数每增加 1 单位,地均二产产值增加 0.0132 亿元,劳动力是重要的生产要素,在一定阈值内,人力资源投入越多,越有利于生产活动的开展,而高技术人力更能促进生产效率提高。地均专利授权量变量在随机效应模型下虽表现为正向影响,但统计上并不显著。这可能是由于技术创新在带来一定收益的同时也增加了研发成本,二者的差值大小决定了其影响的大小,技术创新只有积累到一定程度才能发挥显著作用。

表 2 样本模型估计结果

Tab. 2 Sample model estimation results

解释变量	固定效应	随机效应
C	−50.804***	−54.119***
	(0.0001)	(0.0000)
EYHL	5.094***	4.902***
	(0.0031)	(0.0034)
YFC	20.350**	22.305**
	(0.0494)	(0.0267)
GTFW	21.427***	21.314***
	(0.0023)	(0.0019)
FAI	0.326***	0.317***
	(0.0000)	(0.0000)
IS	29.787***	33.950***
	(0.0013)	(0.0001)

续 表

解释变量	固定效应	随机效应
HR	1.282***	1.314***
	(0.0000)	(0.0000)
RI	0.003*	0.003
	(0.0837)	(0.1010)
R^2	0.6294	0.6370
$F/Wald\ chi^2$	194.47	1387.40
N	300	300
Hausman 检验	Prob＞chi^2＝0.8121	

注：*、**、*** 分别表示在 10%、5%、1%的显著性水平下显著，括号内为标准差。

对于主要解释变量，二氧化硫去除率与固体废物综合利用率均在 1%的水平上显著，烟(粉)尘去除率的显著性水平也达到了 5%。二氧化硫去除率、烟(粉)尘去除率、固体废物综合利用率每增加 1%，地均二产产值将分别增加0.049 亿元、0.223 亿元与 0.213 亿元。说明环境规制水平越高，二产用地效率越高，即环境规制实施对二产用地效率的正效应要明显大于负效应。

进一步地，一方面，长三角地区已建立起成熟的二产产业体系，在足够的资金和技术支持下，有能力实现二产用地的集约化利用与高效化生产。且"波特假说"认为适当强度的环境规制会促进企业技术创新，提高企业生产力与竞争力，进而提升整体产业效率。许多学者的研究也都表明"波特效应"适用于中国东部发达地区，本文在一定程度上间接印证了此观点。另一方面，尽管政府在环境方面实施越来越严格的标准，凭借优越的地理位置与广阔的市场腹地，长三角地区仍能吸引源源不断的资本和人才涌入，根据国家统计局的数据，2017 年苏浙沪三地的二产法人单位数占全国总数的 28.33%，二产全社会固定资产投资占 15.57%，环境规制对要素流入产生的斥力较弱。且政府对科技创新活动的补贴力度很大，2017 年苏浙沪三地财政支出中科学技术支出占全国的 25.26%，这降低了企业在科研投入上的压力，从而在一定程度上抵消了部分环境规制给企业增加的成本。

2. 分组样本估计结果分析

为进一步探究环境规制对二产用地效率的影响是否存在阶段性差异，参照刘力豪等人的研究[37]，依据 2016 年的产业结构比重将 25 个城市分成两组。其中，第二产业主导型城市为第三产业增加值/第二产业增加值＜1 的城市，第三产业主导型城市为第三产业增加值/第二产业增加值>1 的城市。分组情况如表 3 所示。

表 3 样本分组情况

Tab. 3 Sample grouping

第二产业主导型城市	第三产业主导型城市
连云港、盐城、扬州、镇江、泰州、宿迁、宁波、嘉兴、湖州、绍兴	上海、南京、无锡、徐州、常州、苏州、南通、淮安、杭州、温州、金华、衢州、舟山、台州、丽水

将两组样本的数据分别纳入模型中进行估计，其结果如表 4 所示。经统计检验，两组样本的估计均选择随机效应模型。从结果来看，两组模型的 R^2 和卡方检验均较为显著，说明估计效果较好。

对于第二产业主导型城市，控制变量中地均二产固定资产投资、三产增加值占比、地均二产就业人员数均在 1%的显著性水平下显著，地均专利授权量影响为负但不显著。主要解释变量中固体废物综合利用率在 10%的显著水平下显著且影响为正，而二氧化硫去除率和烟(粉)尘去除率均不显著。对于第三产业主导型城市，控制变量中地均二产固定资产投资、地均二产就业人员数、地均专利授权量均在 1%的显著性水平下显著为正，而三产增加值占比仅在 10%的显著性水平下显著。主要解释变量中二氧化硫去除率在 1%的显著水平下显著且影响为正，另外两项不显著。

表 4 分组样本估计结果

Tab. 4 Group sample estimation results

解释变量	第二产业主导型城市		第三产业主导型城市	
	固定效应	随机效应	固定效应	随机效应
常数项	−74.274***	−75.116***	−16.220	−20.172
	(0.0003)	(0.0001)	(0.3211)	(0.2117)
EYHL	4.124	5.527	5.820***	5.640***
	(0.2334)	(0.1059)	(0.0005)	(0.0005)
YFC	16.818	18.987	8.077	11.164
	(0.2897)	(0.2111)	(0.5688)	(0.4230)
GTFW	24.697*	21.765*	6.965	7.052
	(0.0610)	(0.0839)	(0.3733)	(0.3628)

续 表

解释变量	第二产业主导型城市		第三产业主导型城市	
	固定效应	随机效应	固定效应	随机效应
FAI	0.210***	0.200***	0.382***	0.377***
	(0.0002)	(0.0001)	(0.0000)	(0.0000)
IS	84.528***	87.344***	12.963	15.291*
	(0.0015)	(0.0006)	(0.1201)	(0.0592)
HR	2.211***	2.232***	0.831***	0.859***
	(0.0000)	(0.0000)	(0.0000)	(0.0000)
RI	−0.002	−0.003	0.006***	0.006***
	(0.6507)	(0.4874)	(0.0008)	(0.0010)
R^2	0.6565	0.6675	0.6316	0.6369
$F/Wald\ chi^2$	55.98	386.33	199.57	1408.52
N	120	120	180	180
Hausman 检验	$Prob>chi^2=0.3394$		$Prob>chi^2=0.5316$	

注：*、**、*** 分别表示在 10%、5%、1%的显著性水平下显著，括号内为标准差。

相比之下不难发现，在不同的产业主导阶段，显著影响二产用地效率的环境污染物种类明显不同。第三产业主导型城市通常拥有更高的污染治理技术，在烟(粉)尘和固体废物的治理上一直保持着很高水平[三产主导城市的烟(粉)尘去除率和固体废弃物综合利用率历年均值分别为 97.26%与 95.33%，高于二产主导城市]，二氧化硫的治理是其相对而言的短板，因此这一项的提高会带来显著效果。另外具有明显差异的两项是三产增加值占比与地均专利授权量。产业结构高级化对于已经进入第三产业主导阶段的城市而言影响不大，而对于正在转型升级的城市来说，第三产业的蓬勃发展对二产用地效率会产生更显著的催化和倒逼作用。第三产业主导型城市在科技投入和智力资源集聚上具有优势，在历年的累积下创新的溢出效应和补偿效应明显，其比第二产业主导型城市更能获得科研投入带来的净收益。

五、结论与启示

本文在理论探讨环境规制对产业用地利用效率影响机理的基础上，运用

2005—2016 年长三角地区 25 个城市的面板数据,实证检验了环境规制对二产用地效率的具体影响。结果发现:二氧化硫去除率、烟粉尘去除率、固体废物综合利用率的提高对于二产用地效率的变化有着正向影响;环境规制强度的增加有助于促进二产用地效率的提高;进一步地,对于处在不同产业主导阶段的城市,环境规制对二产用地效率的具体影响有所差异,在二产主导型城市,固体废物综合利用率对二产用地效率的影响更明显;而在三产主导型城市,二氧化硫去除率的影响则相对较为显著。

本文的研究发现也可为长三角地区今后完善环境规制措施和提升土地利用效率提供有益启示。首先,长三角地区作为全国产业发展和经济增长的先导区,随着近年来环境规制强度的提高,其产业发展不仅没有受到制约,反而实现了更高的产出和更好的绩效。因此,今后对于长三角地区乃至国内其他地区,十分有必要进一步加强环境规制举措,以促进产业升级并提升产业用地效率。其次,从前面的实证研究中不难发现,二氧化硫的去除是长三角地区环境规制的短板,也是显著影响三产主导型城市产业用地利用效率的重要因素之一。对此,长三角地区今后应加大这方面的治理投入和技术研发或引进,以更好地促进产业用地绩效的提升。最后,以二产为主导的城市在承接发达地区污染型企业时,务必要牢牢把控污染治理标准,不能靠宽松的环境政策吸引产业转移。上海、苏州等经济发达的城市,虽已由二产主导转向三产主导,但仍存在二产用地面积大、土地利用效率低的现象,应凭借其产业优势与创新优势推动二产土地的集约高效利用。

参考文献:

[1] 齐红倩,陈苗.环境规制对我国绿色经济效率影响的非线性特征[J].数量经济研究,2018,9(02):61-77.

[2] 张英浩,陈江龙,程钰.环境规制对中国区域绿色经济效率的影响机理研究——基于超效率模型和空间面板计量模型实证分析[J].长江流域资源与环境,2018,27(11):2407-2418.

[3] 钱争鸣,刘晓晨.环境管制、产业结构调整与地区经济发展[J].经济学家,2014(07):73-81.

[4] 郭英远,张胜,张丹萍.环境规制、政府研发资助与绿色技术创新:抑制或促进?——一个研究综述[J].华东经济管理,2018,32(07):40-47.

[5] 李卫红,白杨.环境规制能引发“创新补偿”效应吗?——基于“波特假说”的博弈分析[J].审计与经济研究,2018,33(06):103-111.

[6] BRUNNERMEIER S B,COHEN M A. Determinants of environmental innovation in US manufacturing industries[J]. Journal of Environmental Economics and Management,2003(02):278-293.

[7] DOMAZLICKY B R,WEBER W L. Does environmental protection lead to slower productivity growth in the chemical industry[J]. Environmental and Resource Economics,2004:301-324.

[8] 赵霄伟.环境规制、环境规制竞争与地区工业经济增长——基于空间 Durbin 面板模型的实证研究[J].国际贸易问题,2014(07):82-92.

[9] 雷玉桃,柳明璐.环境规制对区域工业竞争力的影响研究——基于空间效应的分析[J].工业技术经济,2017,36(05):3-12.

[10] 邹国伟,周振江.环境规制、政府竞争与工业企业绩效——基于双重差分法的研究[J].中南财经政法大学学报,2018(06):13-21,158-159.

[11] 唐国华,李晨韵.环境规制对制造业转型升级的作用机制研究[J].经济论坛,2018(09):33-40.

[12] 李虹,邹庆.环境规制、资源禀赋与城市产业转型研究——基于资源型城市与非资源型城市的对比分析[J].经济研究,2018,53(11):182-198.

[13] 廖显春,夏恩龙.为什么中国会对 FDI 具有吸引力?——基于环境规制与腐败程度视角[J].世界经济研究,2015(01):112-119,129.

[14] 唐杰英.要素价格扭曲对出口的影响——来自中国制造业的实证分析[J].世界经济研究,2015(06):92-101,129.

[15] YOO S, HESHMATI A. The effects of environmental regulations on the manufacturing industry's performance: A comparison of green and non-green sectors in Korea[J]. Energies, 2019, 12: 1-14.

[16] NENG S, HAOLAN L, RUMENG D, et al.Different types of environmental regulations and the heterogeneous influence on the environmental total factor productivity: Empirical analysis of China's industry [J]. Journal of Cleaner Production, 2018:171-184.

[17] RASSIER D G, EARNHART D. Effects of environmental regulation on actual and expected profitability[J]. Ecol. Econ., 2015 (4): 129-140.

[18] RUBASHKINA Y, GALEOTTI M, VERDOLINI E. Environmental regulation and competitiveness: empirical evidence on the Porter Hypothesis from European manufacturing sectors [J]. Energy Pol., 2015 (83): 288-300.

[19] 王杰,刘斌.环境规制与企业全要素生产率——基于中国工业企业数据的经验分析[J].中国工业经济,2014(03):44-56.

[20] 张江雪,蔡宁,杨陈.环境规制对中国工业绿色增长指数的影响[J].中国人口·资源与环境,2015,25(01):24-31.

[21] 杨勇,郎永建.开放条件下内陆地区城镇化对土地利用效率的影响及区位差异[J].中国土地科学,2011,25(10):19-26.

[22] 赵爱栋,马贤磊,曲福田.市场化改革能提高中国工业用地利用效率吗?[J].中国人口·资源与环境,2016,26(03):118-126.

[23] DU J. Urban land market and land-use changes in post-reform China: A case study of Beijing [J]. Landscape and Urban Planning, 2014, 124: 118-128.

[24] GAO B Y, Li W D. State land policy, land markets and geographies of manufacturing: The case of Beijing, China [J]. Land Use Policy, 2014, 36:1-12.

[25] 田柳,陈江龙,高金龙.城市空间结构紧凑与土地利用效率耦合分析——以南京市为例[J].长江流域资源与环境,2017,26(01):26-34.

[26] 张雯熹,邹金浪,吴群.城市土地利用效率研究进展[J].长江流域资源与环境,2019(09):2030-2039.

[27] REN S G, LI X L, YUAN B L, et al. The effects of three types of environmental regulation on ecoefficiency: A cross-region analysis in China [J]. Journal of Cleaner Production, 2018:245-255.

[28] 苏昕,周升师.双重环境规制、政府补助对企业创新产出的影响及调节[J].中国人口·资源与环境,2019,29(03):31-39.

[29] 伍格致,游达明.环境规制对技术创新与绿色全要素生产率的影响机制:基于财政分权的调节作用[J].管理工程学报,2019,33(01):37-50.

[30] COSTA-CAMPI M T, GARCIA-QUEVEDO J, MARTÍNEZ-ROS E. What are the determinants of investment in environmental R&D? [J].

Energy Pol., 2017:455 - 465.

[31] ZHU S J, HE C F, LIU Y. Going green or going away: Environmental regulation, economic geography and firms'strategies in China's pollution-intensive industries[J]. Geoforum, 2014,55:53 - 65.

[32] 钱争鸣,刘晓晨.环境管制与绿色经济效率[J].统计研究,2015,32(07):12 - 18.

[33] 钱莎莎,高明,黄清煌.环境规制实现了节能减排与经济增长的双赢?[J].生态经济,2019, 35(01): 154 - 160.

[34] 张荣天,焦华富.长江经济带城市土地利用效率格局演变及驱动机制研究[J].长江流域资源与环境,2015,24(03):387 - 394.

[35] 李佳佳,罗能生.城镇化进程对城市土地利用效率影响的双门槛效应分析[J].经济地理,2015,35(07):156 - 162.

[36] 何好俊,彭冲.城市产业结构与土地利用效率的时空演变及交互影响[J].地理研究,2017,36(07):1271 - 1282.

[37] 刘力豪,陈志刚,陈逸.土地市场化改革对城市工业用地规模变化的影响——基于国内46个大中城市的实证研究[J].地理科学进展,2015,34(09):1179 - 1186.

Effects and Mechanism of Environmental Regulation on the Efficiency of Industrial Land—An Empirical Study on the Yangtze River Delta

Yan Shen[1], Yuecong Yang[2]

(1. School of Geography and Ocean Science, Nanjing University, Nanjing 210023, China; 2. School of Public Administration, Hohai University, Nanjing 211100, China)

Abstract: The impact of environmental regulation on land use, especially industrial land use efficiency, has received increasing attention. Based on an examination of the influence mechanism of environmental regulation on the utilization efficiency of industrial land, this study built an econometric model with the panel data of 25 cities in the Yangtze River Delta region from 2005 to 2016, and tested and analyzed the specific effects of the environmental regulation on the utilization efficiency of the secondary industry land. The results show that, in general, the removal rate of sulfur dioxide and smoke dust as well as the comprehensive utilization rate of solid waste have a positive impact on the change of utilization efficiency of the secondary industry land. The increase in the intensity of environmental regulation enhances the utilization efficiency of the secondary industry land. Further, the effects vary among cities. For the cities with a dominant secondary industry, the effect of the comprehensive utilization rate of solid waste was obvious. While for the cities with a dominant tertiary industry, sulfur dioxide removal rate has a significant effect. Finally, the paper puts forward relevant policy recommendations from the perspective of improving land use efficiency.

Key words: environmental regulation; industrial land; land use efficiency; the Yangtze River Delta

中国城市工业空间的转型与重构:文献综述

高金龙

(中国科学院南京地理与湖泊研究所,南京 210008)

摘 要 转型已经成为当今经济、社会、政治与城市研究的一个国际化语境,中国的发展转型更是国际研究中的一个热点领域。作为社会经济活动过程的空间投影,自改革开放以来,中国的城市空间结构在巨大的体制转型过程中发生着激烈的变迁和重组。已有城市空间重构理论从经济学、社会学、政治学等不同视角对城市工业布局、企业区位调整以及工业空间(再)生产现象作出了较好解释。但是中国城市制度—经济—社会的多重转型,推动了城市从物质空间到社会空间的全面重构,在市场化与旧有制度的历史惯性这两股力量的共同作用下,中国城市转型与空间重构的过程更加复杂、更具中国特色。本文在梳理已有理论与实证研究基础上,对转型时期中国城市工业空间重构过程进行回顾,分别从经济学、社会学与政治学视角对国内外城市工业空间重构的驱动机理研究进行综述,并对目前城市工业空间重构研究中存在不足及未来方向进行讨论,以期为后续研究提供借鉴。

关键词 工业转型;空间重构;城市更新;驱动机理;研究进展

1 引 言

20世纪90年代以来,发达与发展中国家都在经历着巨大的经济、社会体制转型[1]。作为世界上最大的发展中国家,中国"实用主义"(pragmatism)和"渐进主义"(gradualism)的政治、经济、社会改革与苏联及东欧地区的"激进改革"、"难堪后果"形成了鲜明对比[2]。因此,中国的转型模式引起了更多政治家、学者

收稿日期:2019-10-16

基金项目:国家自然科学基金项目(41701193)

作者简介:高金龙(1988—),男,山东无棣人,博士,副研究员。研究方向:城乡发展与土地利用。E-mail:jlgao@niglas.ac.cn。

的关注,甚至被认为是代表了一种非常典型和理想的"体制转型范式"[3,4]。按照西方学术界"社会空间统一体"(social spatial dialectic)的逻辑,改革开放 40 多年来中国经济、政治、社会方面的剧烈变迁,从根本上改变了城市发展的动力基础和作用机制,也强烈地影响着城市空间演化的进程[5,6]。中国目前处于转型时期的基本事实,应该成为城市发展与城市空间重构研究的基本出发点。

城市作为经济社会活动的载体,其内部各种力量的成长、组合与嬗变强烈地作用于经济与社会过程,这种往复的相互作用过程不断推动城市管制方式的变化与城市空间重构,因而城市空间重构成为中国经济、社会转型的重要内容和物质反映[7]。工业生产作为城市活动的重要内容,其空间变动是城市空间重构的最主要表现和推动力量[8,9]。因此,对转型时期城市工业空间重构的系统总结,既是对城市空间重构过程的局部放大,也有利于对中国经济社会转型特征的深入剖析。本文基于国内外工业空间研究相关成果,通过系统梳理西方工业布局理论,回顾转型时期中国城市工业空间重构过程,并对国内外城市工业空间重构驱动机理研究进行综述,针对目前城市工业空间重构研究中存在不足及未来方向进行讨论,以期为后续相关研究提供借鉴。

2 城市工业空间重构的过程

任何城市空间的重构都必须经历开发、调整与再利用三个过程。关于城市工业空间的重构也同样包括工业用地的形成与调整,以及城市空间的更新与改造;而两个过程的实现,又必须依赖于企业区位调整与迁移[10]。因此,本文从此三方面对中国城市工业空间重构过程进行回顾(图 1)。

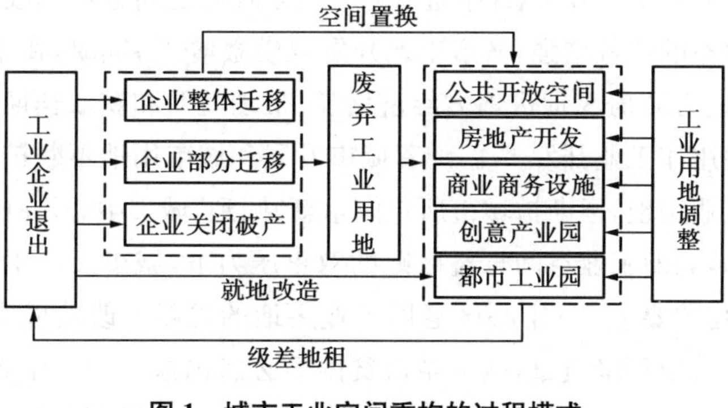

图 1 城市工业空间重构的过程模式

Fig.1 Urban industrial land restructuring process

2.1 城市工业用地开发

不同于西方资本主义社会，在古代中国受神权、君权思想的影响，强调以宗祠、王府、市场等为核心的空间结构布局以及规整化、理想化的静态结构形态，表现为封建伦理、政治制度与城市空间结构高度统一，城市内也不存在单纯的工业用地，制造业以手工工场(作坊)形式与住宅混合使用土地。鸦片战争以后，随着西方列强入侵和封建社会经济结构的解体，形成于工业革命以后的资本主义商行、工厂、仓库等成为中国城市空间结构的主要组成要素，并催生了对工业用地的需求，而受西方工业区位理论影响，此时工业用地沿城市交通线集中与分散分布相结合。

1949 年后，城市土地完全收归国有，城市工业企业则按照计划经济体制下"企业办社会"的模式进行建设，单位大院成为新中国城市空间的基本单元，社会控制与社会整合的组织形式，工业用地再次与居住、教育、办公等城市空间混合，并占据城市优势区位[11-13]。改革开放以后，各种资源和要素的流动受政府约束减弱，开始转为由企业和个人根据其经济利益和效用最大化的原则，通过市场自由选择，企业所有制结构和产业结构的重组，促进了乡镇和集体企业快速发展，各级各类开发区也开始在城市边缘区出现，工业用地开始向开发区集中[14]；但城市政府仍然主导了土地供给与产业发展的整个过程，完全掌控工业用地的配置[15]。随着 1987 年城市土地有偿使用制度建立，计划经济时期占据城市核心区位的工业用地，特别是污染严重、产出效率较低、占用文物古迹以及厂点分散、影响自身和其他产业发展的工厂纷纷迁至城市郊区，城市中心区也由工业生产向商品、信息流通发展，工业用地在大中城市占主导地位的格局改变[16,17]。

20 世纪 90 年代中期以来，伴随中央与地方政府之间分权化改革，城市政府对土地出让收益的依赖增强，城市土地开发规模激增[10]；同时，在中国特殊政绩考核体制下，地方政府为促进地方经济增长、带动就业和获取长期税收，更倾向于将城市土地用作工业开发[18]。随着城市发展和城市用地不断扩张，原来位于城市边缘的工业用地，逐渐被城市所包围重新"回到"城市中心，在中心区土地与环境门槛提高，老旧工业空间日益破败的双重压力下，城市又产生了新的"退二进三"和郊区化的要求[19]；中心区老旧工业用地的更新与改造成为促进城市土地升值和改善城市环境质量，减少城市贫困的必然选择[20,21]。学者们通过对不同时期城市工业用地的实证比较，也发现了城市工业空间调整与重构的类似规律：转型时期中国主要城市工业用地表现为由市中心向外围的搬迁，且在早期以近距离搬迁为主，随着城市空间的不断向外扩张，工业用地对铁路、运河等传统运输方式的依赖逐渐减弱，并在城市外围形成新的集聚区[11,22]。

2.2 企业转移与郊区化

私营部门与企业是城市空间的重要组成和最基本单元，企业转移与区位变迁研究是从微观角度理解城市经济重组与空间重构的重要途径[23]。20 世纪 30 年代以来，西方学术界开始关于企业转移的研究，并在 40 年后达到巅峰而被称为“黄金时期”[24,10]。之后，随着城市发展和工业化进程演进，企业的郊区化在发达国家蔓延开来，并逐渐成为人所共识的现象。而中国由于工业化进程相对滞后，因此城市工业的郊区化直到在 20 世纪 90 年代末才率先在北京、上海等大都市区出现[25,26]。

近年来，随着城市土地租金的上涨以及城市环境规制增强，城市内部企业向郊区迁移也在加剧，并日益呈现出新的特征[11]。吕卫国等基于经济普查企业数据库的研究，发现 2004 年开始南京就已经进入制造业郊区化阶段，尤其污染密集型制造业较其他制造业具有更加强烈的郊区化趋势[27]；Feng 等人的研究表明，北京市的郊区化进程已经超越了单纯政府发起的家庭和污染行业搬迁，取而代之是市场化力量驱动下新的工业郊区[28]；袁丰等和毕秀晶等采用空间分析方法，分别对苏州信息通信企业和上海软件企业在不同年份的空间集聚特征进行分析，发现除污染企业外迁外，高新技术企业在集聚经济吸引下也会有郊区化的趋势[29,30]；郭杰等基于兰州全部制造业企业迁移特征与路径，发现中国西部城市制造业企业迁移模式由计划经济时期行政主导向市场经济时期企业自主选择与政府先行引导相结合的模式过渡[31]；Yuan 等人基于南京市的研究发现在工业郊区化过程中，还伴随与生产性服务业的共同集聚现象[11]。

2.3 城市更新与改造

城市更新最早是欧美等发达国家工业化后期，为解决日益严重的经济衰退、环境污染、社区破败、失业增加等问题而采取的一种公共政策[8,32]。20 世纪 70 年代以前，西方学者普遍认为“城市更新”(urban renewal)即对城市衰败地段的推倒重建，取而代之以高档住宅或较舒适的生活环境，而享受这些美好环境的则以中上阶层人士为主，原来在城市衰败区居住的穷人，不过是从一个衰败区被驱赶到了远离城市中心的其他衰败区而已[33]；“城市复兴”(urban regeneration)的内容则更多元化和综合性，体现了一种更加审慎、和谐的发展过程，通过一系列明智和多元的更新途径，对城市衰败区进行保护、修复、再利用以及再开发等[34]。

虽然，基于西方城市更新的经验，国内学者对城市更新的认识已经从单纯城市物质环境的改善，发展到城市整体环境的提升，但在中国语境下对城市更新的全面认识仍未完全形成[35]。况且，中国的城市更新还有着自身的复杂性和特殊性[8,36]。在发展转型的大背景下，中国的城市更新越来越受到地方政府、房地产投资商等多重利益的追捧，成为中国城市空间转型与重构的重要驱动力和城市空间冲突的焦点[37,38]。20 世纪 80 年代，吴良镛院士提出“城市有机更新论”，倡导将城市看作一个完整的有机体，采用适当规模、合适尺度，依据改造的内容与要求，妥善处理目前与将来的关系，不断提高规划设计质量，使每一片的发展达到相对的完整性，这样集无数相对完整性之和，即能促进旧城整体环境得到改善，达到有机更新的目的。“有机更新”理论的提出，极大促进了城市更新理论与实践的发展，使城市更新与改造成为城市规划、建筑学、地理学和社会学共同的研究热点[39]。

城市规划和建筑学的研究主要关注具体案例与问题的探讨。学者以不同城市为例从各自视角提出老工业区改造[40,41]、工业遗产保护[42,43]、工业用地再开发[44]、城市工业转型[45,46]等的路径与方法；还有学者披露了城市工业用地大多置换为房地产用地，认为这种地产主导型的改造模式将造成交通拥堵等新的城市问题[47]；但也有学者表示，中国的旧城改造应该学习中国香港、韩国首尔或者新加坡的经验，让房地产开发企业为建筑物拆除与产权放弃支付现金补偿，以增强重建项目的财务可行性和透明度[48,49]；虽有学者对城市更新过程中地方政府、开发商与民众等利益相关者角色关系进行研究，但也仅仅是少数理论探索[50]。

相比之下，地理学和社会学的研究更偏重于城市更新过程中的经济与社会驱动。有学者分别基于城市增长机器和城市政体理论，对上海太平桥地区的城市更新进行研究，揭示了地方政府和开发商的增长联盟中，地产导向的旧城开发模式对于新天地项目的有效性[48,51]；也有学者通过对旧城改造案例的实证研究发现，在中国的增长联盟中地方政府比西方更加强势，因此城市更新的增长联盟比政体理论更能解释中国旧城改造的动机[52]；还有学者先后以北京石景山老工业区和 798 艺术工厂为例，对北京市工业空间的创意转型路径进行研究，发现老工业区转型不仅需要突破原有的依赖和锁定，更需要创造性地整合企业家和政府等各种资源来实现路径创新[15]。

3 城市工业空间重构机理的不同解释

3.1 经济学的解释:资本逐利与市场竞争

根据新古典经济学理论,企业区位调整的目标是实现成本最小或收益最大[24]。企业作为产品和要素市场的价格接受者(price taker),在特定区位的利润函数可以表示为 $E_{ij}=E(X_i, Z_j, \varepsilon_{ij})$。其中,$X_i$ 表示 i 企业的特性,Z_j 表示 j 区位的特性,ε_{ij} 为随机分布的未观测误差[53]。对于特定行业的企业而言,其盈利水平还存在行业内部的竞争因素,只要城市 j 区位上 i 企业在 k 行业内的利润 $E_{ijk}(X_i, Z_j, \varepsilon_{ij})$ 低于该行业的平均水平 E_k 时,企业就面临"原址易业"或"原业易址"的战略调整[54]。因此,所有与企业成本与收益有关的内部产业特性或外部区域特征都会影响城市工业空间的布局与调整[24]。

在市场经济条件下,土地开发商(企业)根据土地与资本的相对价格,来选择最优的土地与资本投入比例,以求利润最大化[55][8]。当地价上升时,资本变得相对便宜,企业便增加资本投资以节约土地;但是当土地价格上升到一定程度,企业投入规模不能满足其自身发展需求或难以获取更高规模收益的时候,就产生区位调整与搬迁的内在激励[56]。因此,企业增长和集聚经济是市区工业郊区化的最主要驱动,而且投资规模大、用地面积大、市场服务范围广的企业更容易受经济政策的影响[57]。

除企业内部区位调整的经济激励之外,城市郊区相对廉价的劳动力和宽松的环境规制也是企业区位调整的重要经济激励[58][27]。Scott 从市区企业发展外部环境入手,指出城市中心区厂房破败与交通拥堵等问题造成对工业吸引力的丧失加速了市区企业区位调整[59];郭建华也以广州市为例,发现第三产业发展带来的空间竞争对城市中心区工业空间重构具有影响[60]。另外,对于资源型城市工业空间重构,很大程度上是原始区位及周边资源枯竭造成的禀赋条件下降,迫使企业寻找新的区位以谋求更好发展[45]。

3.2 社会学的解释:行为主义与路径依赖

按照行为经济学研究,企业或个人在面临"获得"情形时一般会采用风险规避行为,以保住到手的财富为第一目标;而当面临"损失"情形时,其行为方式则是追求风险型。无论城市空间重构还是企业区位调整都不是"绝对理性"的行为,而是基于一定的社会经济背景的"有限理性"决策。而且,企业家受自身信息获取与处理能力限制,也不可能作出完全理性的决策[61]。有学者曾系统研究过企业家的年龄、教育水平和家庭收入等因素对城市工业布局的影响[62];也有学者以行为理论为基础,将企业迁移决策细分为若干阶段并进行模型化研究,发现企业迁移决策不是因为缺少发展空间和交通可达性差等表面原因,而是企业内部因素(如组织结构、企业文化、管理等)和外部因素(如供应商或客商数量、劳动力市场、政府的促进或约束政策等)共同作用的结果[63]。

随着整个社会科学界"历史转向"的出现,"路径依赖"理论由于强调"未来在某种程度上取决于过去"这一规律而受到重视。从历史演化的角度,企业区位选择是依托于历史形成之初的有限考虑和地方知识基础,正是由于地方化的知识和惯性成为企业竞争力的重要基础,因此企业不太愿意进行搬迁[64];组织间的网络关系也会限制企业的空间行为,导致其空间"锁定"[65]。因此,企业迁移实际上是摆脱"路径依赖"束缚制约并突围地方网络的"锁定"效应;但是由于社会"嵌入性"的存在,企业与本地社会网络的联系程度会随着运营时间的增长而变得紧密,相应地迁移概率就会减小。

3.3 政治学的解释:增长联盟与城市政体

新制度经济学的观点认为,对城市经济增长起决定性作用的是制度因素,而非技术因素[66]。在西方国家以政府为主导的传统型城市管理模式率先被"企业化城市"治理模式所取代之后,中国的城市更新也无可避免地被赋予了推动经济发展的责任,形成了以经营城市的理念进行的"经营型城市更新"[67]。由于城市更新过程涉及社会中庞大而复杂的利益群体,因此实现"经营型城市更新"必须依赖于这些经济利益集团、公共部门和第三部门的领导者、地方媒体等组成的"增长联盟"或称"增长机器"[68]。Molotch 认为城市空间同时具有从事生产的使用价值和作为商品的交换价值,工业空间重构即"增长联盟"通过牺牲使用价值来换取交换价值的过程[69];而这种交换通常由企业和开发商为主导的私营部门联合推动,并使得城市政策支持他们所寻求的经济扩张和财富积累[70]。虽然中国城市在土地制度、政府职能上与西方城市都有显著的不同,但由于中国地方政府所面临的财政压力和政绩驱动,在过去的城市改造过程中悄然形成了政府与企业的增长联盟[71]。尤其,1987 年土地改革遗留下的双重土地市场产生了土地交易的黑市,使得城市政府与企业共同掌握城市发展的资源,这种隐性的"政企联盟"进一步从经济上激励了城市用地的再开发[72-74]。

受"增长联盟"理论的影响,Stone 又提出"城市政体"(urban regime)理论,他认为城市权力是分散在地方政府和私人部门手中的,城市政体是一种“合作性”的制度安排,通过这种安排公共部门和私人部门非正式但稳定持续的联合在一起,对城市发展作出决策[75]。但是,对于具有“强势政府”(strong government)的社会主义国家,政体论在经济上较为适合,在政治上则不太适用[74][51]。虽然全球化与经济结构调整促进了城市空间重构,但更深层次工业空间重构应该是中国特定语境下政府、企业与居民等各种经济主体相互作用的结果,尤其政府为提升城市品质与提高用地效率而制定的污染转移、“退二进三”等政策,是中国许多城市工业郊区化的首要原因[76]。

4 评述与展望

4.1 研究评述

关于城市工业空间重构的理论可以细分为工业布局与区位选择理论、企业区位调整与产业转移理论,以及工业空间再利用或空间再生产理论三个方面。区位理论从不同的视角解释工业活动的区位,以及为什么工业活动会出现在特定区域,但区位理论对大量出现的产业转移的经验结论解释不足。区位调整理论不同于区位理论的一个明显特征是考虑了某一个区位比另一个更适合的情况,并将以企业搬迁为主要特征的区位调整驱动分解为迁出推力与迁入拉力。虽然两种理论可以在新古典理论、行为理论、制度理论的框架下对城市工业空间形成与调整进行合理解释,但二者均是基于企业能力和动机的理论分析,是单个企业运行的广义经济和环境,以及企业如何与这种广义经济和环境发生联系的不同观念与侧重点的表达,而对于工业空间再利用与再生产内容没有涉及。而空间(再)生产理论则赋予“空间”要素属性,将其作为生产的投入进行分析,为解释城市老工业区改造及工业地段更新提供了新的观察视角和理论范式。

纵观国内外已有研究,不难发现关于转型时期城市工业空间重构的实证研究主要集中在土地科学、城市规划、建筑学、社会学与地理学等主要领域。其中,土地利用相关研究主要关注城市工业用地的形成与发展,多基于遥感影像或其他土地利用数据对城市工业用地空间演化过程进行描述,而对地表空间物质形态关注不多,忽视土地利用效率与业态的差异,不能客观分析工业用地形成与调整的内部驱动;城市规划与建筑学更加关注城市空间实体,对于地上构筑物及空间利用形式关注较多,尤其对工业地段改造、工业遗产保护等工业空间转型路径具有较好研究基础，但对工业空间重构或利用方式转变背后的经济社会驱动研究较为欠缺；社会学的研究虽然关注到了工业空间重构过程中的各种社会经济活动的影响，能较好理解工业空间由衰至盛再而衰的循环演进，但是由于研究方法对空间变量的弱化或缺失，研究结论往往难以形成具有借鉴意义和可操作性的政策建议，研究针对性也相对不足；地理学者虽然在空间分析基础上综合了社会学理论分析的内容，但是国内研究偏于实证和具体案例分析，而缺少必要的理论总结，国外研究又缺少相应的实践机会，导致地理学关于中国城市工业空间重构研究的进展也极为缓慢。

关于城市工业空间机理的研究，新古典理论框架解决了城市工业空间重构经济基础的问题，但是现实经济活动中"理性人"假设并不存在，而由于"路径依赖"与"根植性"的存在，企业往往不倾向于最佳区位，而是在合理收益空间内维持现状，或者在原始区位之外发展新的机构以维持盈利，因此经济学对城市空间重构的解释能力大打折扣；社会学填补经济学研究的漏洞，考虑到在不完全信息和不确定条件下企业内部的动态变化，认为企业利润最大化不再是企业的最终目标，并在此基础上提出了行为主义分析方法，将推力因素加入企业迁移驱动分析，与新古典理论框架中的区位拉力相得益彰；但是城市工业空间重构不仅仅是企业区位调整的内部决策，而在很大程度上受制于地方制度和社会环境，尤其在市场经济尚不完善的集权国家更是如此，因此政治学又从地方政府、开发商、居民组织等利益相关者(stake holder)的角度对城市工业空间重构的制度环境作出解释，进一步完善了企业区位调整及城市工业空间重构理论研究。

总之，现有研究虽已取得一定进展，并得出了许多有价值的结论和认识。但也应该看到，目前的研究只是一个良好的开端，受研究资料和方法等因素的限制，许多问题仍有待进一步研究解决。

4.2 未来研究展望

理论上，关于城市工业空间重构的研究可纳入经济学的成本—收益分析框架。无论新古典理论分析框架，还是行为学派的社会学分析视角，抑或是地理学的制度与文化转向，只是对成本与收益要素内涵与外延的不同理解，本质上仍然没有脱离成本—收益分析的基本框架，都认为市场、政府、企业等各方力量的博弈共同促成了城市工业空间的重构，而这些作用力即成本要素与收益要素的内容。在一般均衡情况下，空间利用或开发的成本小于收益，空间处于动态稳定，当这种博弈平衡被打破的时候，就会带来生产成本上升或收益下降，进而导致空间失衡，城市面临空间重构决策；而新空间的确定与旧空间的再利用，不过是空间使用价值换取交换价值的空间再生产过程。因此，在新古典理论框架的基础上采取制度和行为的分析方法，将不同理论流派的影响因素纳入统一的成本—收益分析框架应该是未来研究的重点。

方法上，应加强遥感解译、统计调查、实地访谈等不同来源数据之间的融合与衔接。对于城市工业空间重构的研究，既要摆脱土地利用研究"飘在天上看地面"的简单现象描述，在分析城市工业用地变化基础上，进一步深入剖析企业发展转型路径；又要避免"没有空间维度的仙境"的经济学陷阱，既追踪企业发展历程也关注空间开发进度。对于企业搬迁的研究则需要从企业迁移过程的描述向统计检验的方法过渡，通过既有经验或假设的验证实现理论补充与完善。此外，对企业过去行为的路径依赖以及城市工业空间未来的发展变化要求用一个包含行为演化因素的动态性的理论框架来解释，用地功能与城市空间的共同演化将是未来城市工业空间重构研究的重要手段[77]。尤其，当代中国城市制度—经济—社会的多重转型，推动了城市从物质空间到社会空间的全面重构。在市场化与旧有制度的历史惯性这两股力量的共同作用下，中国城市转型与空间重构的过程更加复杂、更具中国特色。

参考文献：

[1] ZHANG J, WU F. China's changing economic governance: Administrative annexation and the reorganization of local governments in the Yangtze River Delta[J]. Regional Studies, 2006, 40(1): 3-21.

[2] YEH A G, YANG F F, WANG J. Economic transition and urban transformation of China: The interplay of the state and the market[J]. Urban Studies, 2015, 52(15), 2822-2848.

[3] MA L J C. Urban transformation in China, 1949-2000: a review and research agenda[J]. Environment and Planning A, 2002, 34(9): 1545-1570.

[4] WU F. China's changing urban governance in the transition towards a more market-oriented economy[J]. Urban Studies, 2002, 39(7): 1071-1093.

[5] LIN G C S. The growth and structural change of Chinese cities: a contextual and geographic analysis[J]. Cities, 2002, 19(5): 299-316.

[6] 张京祥，吴缚龙，马润潮. 体制转型与中国城市空间重构——建立一种空间

演化的制度分析框架[J]. 城市规划，2008，32(6)：55－60.

[7] MA L J C，WU F. Restructuring the Chinese City：Changing Society，Economy and Space[M]. London，UK：Routledge，2005.

[8] GAO J，CHEN W，YUAN F. Spatial restructuring and the logic of industrial land redevelopment in urban China：Ⅰ. Theoretical Considerations [J]. Land Use Policy，2017，68，604－613.

[9] DRUCKER J. Regional industrial structure concentration in the United States：Trends and implications[J]. Economic Geography，2011，87(4)：421－452.

[10] DEMPWOLF C S. An Evaluation of recent industrial land use studies：Do theory and history make better practice? [J]. Retrieved August，2010，28：1－39.

[11] GAO J，YUAN F. Economic transition，firm dynamics，and restructuring of manufacturing spaces in urban China：Empirical evidence from Nanjing[J]. The Professional Geographer，2017，69(3)，505－519.

[12] LIN G C S，HO S P S. The state，land system，and land development processes in contemporary China[J]. Annals of the Association of American Geographers，2005，95(2)：411－436.

[13] DING C. Land policy reform in China：assessment and prospects[J]. Land Use Policy，2003，20(2)：109－120.

[14] ZHOU S，LIU Y，KWAN M P. Spatial mismatch in post－reform urban China：A case study of a relocated state－owned enterprise in Guangzhou [J]. Habitat International，2016，58，1－11.

[15] YIN Y，LIU Z，DUNFORD M，et al. The 798 Art District：Multi－scalar drivers of land use succession and industrial restructuring in Beijing[J]. Habitat International，2015，46：147－155.

[16] XU J，LIAO B，SHEN Q，et al. Urban spatial restructuring in transitional economy —Changing land use pattern in Shanghai China [J]. Chinese Geographical Science，2007，17(1)：19－27

[17] XU J，YEH A，WU F. Land commodification：new land development and politics in China since the late 1990s[J]. International Journal of Ur-

ban and Regional Research, 2009, 33(4): 890 - 913.

[18] GAO J, WEI Y D, CHEN W, et al. Economic transition and urban land expansion in Provincial China[J]. Habitat International, 2014, 44: 461 - 473.

[19] GAO B, LIU W, MICHAEL D. State land policy, land markets and geographies of manufacturing: The case of Beijing, China[J]. Land Use Policy, 2014, 36: 1 - 12.

[20] REN X, SUN M. Artistic urbanization: creative industries and creative control in Beijing[J]. International Journal of Urban and Regional Research, 2012, 36(3): 504 - 521.

[21] ZHENG H W, SHEN G Q, WANG H. A review of recent studies on sustainable urban renewal[J]. Habitat International, 2014, 41: 272 - 279.

[22] 王武科，张凌，胡东海. 宁波市三江片区工业用地时空演变分析[J]. 城市规划，2011 (7)：30 - 35.

[23] MARKUSEN A. Studying regions by studying firms[J]. The Professional Geographer, 1994, 46(4): 477 - 490.

[24] HU W, COX L J, WRIGHT J, et al. Understanding firms' relocation and expansion decisions using self - reported factor importance rating[J]. The Review of Regional Studies, 2008, 38(1): 67 - 88.

[25] NING Y, YAN Z. The changing industrial and spatial structure in Shanghai[J]. Urban Geography, 1995, 16(7): 577 - 594.

[26] ZHOU Y, MA L J. Economic restructuring and suburbanization in China [J]. Urban Geography, 2000, 21(3): 205 - 236.

[27] 吕卫国，陈雯.制造业企业区位选择与南京城市空间重构[J].地理学报，2009，64(2)：142 - 152.

[28] FENG J, ZHOU Y, WU F. New trends of suburbanization in Beijing since 1990: From government - led to market - oriented[J]. Regional Studies, 2008, 42(1): 83 - 99.

[29] 袁丰，魏也华，陈雯，等.苏州市区信息通讯企业空间集聚与新企业选址[J].地理学报，2010，65(2)：153 - 163.

[30] 毕秀晶，汪明峰，李健，等.上海大都市区软件产业空间集聚与郊区化[J].

地理学报，2011，66(12)：1682－1694.

[31] 郭杰，杨永春，冷炳荣. 1949 年以来中国西部大城市制造业企业迁移特征，模式及机制——以兰州市为例[J]. 地理研究，2012，31(10)：1872－1886.

[32] LIN G C S. The redevelopment of China's construction land: Practising land property rights in cities through renewals[J]. The China Quarterly, 2015, 224: 865－887.

[33] HU Y, HOOIMEIJER P, BOLT G, et al. Uneven compensation and relocation for displaced residents: The case of Nanjing[J]. Habitat International, 2015, 47: 83－92.

[34] ROBERTS P, SYKES H. Urban regeneration: A handbook [M]. London, UK: Sage,1999.

[35] HU X, HASSINK R. New perspectives on restructuring of old industrial areas in China: A critical review and research agenda[J]. Chinese Geographical Science, 2017, 27(1): 110－122.

[36] 张京祥，程大林. 发展中国家城市发展与规划的几个主要问题[J]. 国外城市规划,2003，18(2):1－4.

[37] SHIH M. The evolving law of disputed relocation: Constructing inner-city renewal practices in Shanghai, 1990－2005[J]. International Journal of Urban and Regional Research, 2010, 34(2): 350－364.

[38] YE L. Urban regeneration in China: Policy, development, and issues[J]. Local Economy, 2011, 26(5): 337－347.

[39] 严若谷，周素红，闫小培. 城市更新之研究[J]. 地理科学进展，2011，30(8)：947－955.

[40] 李冬生，陈秉钊. 上海市杨浦老工业区工业用地更新对策——从"工业杨浦"到"知识杨浦"[J]. 城市规划学刊，2005，(1)：44－50.

[41] WANG J. 'Art in capital': Shaping distinctiveness in a culture-led urban regeneration project in Red Town, Shanghai [J]. Cities, 2009, 26(6): 318－330.

[42] 张毅杉，夏健. 塑造再生的城市细胞——城市工业遗产的保护与再利用研究[J]. 城市规划，2008(2)：22－26.

[43] 俞孔坚，庞伟. 理解设计：中山岐江公园工业旧址再利用[J]. 建筑学报，2002(8)：47－52.

[44] 阳建强，罗超. 后工业化时期城市老工业区更新与再发展研究[J]. 城市规划，2011(4)：80－84.

[45] 金凤君，陆大道. 东北老工业基地振兴与资源型城市发展[J].科技导报，2004，22(10)：4－6.

[46] 张平宇，马延吉，刘文新，等.振兴东北老工业基地的新型城市化战略[J]. 地理学报，2004(z1)：109－115.

[47] 胡晓玲，徐建刚，童江华，等.快速转型期老工业基地工业用地调整研究——以武汉为例[J].城市规划，2007，31(5)：40－46.

[48] HE S，WU F. Property-led redevelopment in post-reform China：A case study of Xintiandi redevelopment project in Shanghai [J]. Journal of Urban Affairs，2005，27(1)：1－23.

[49] HE S，WU F. China's emerging neoliberal urbanism：Perspectives from urban redevelopment[J]. Antipode，2009，41(2)：282－304.

[50] 陈煊. 城市更新过程中地方政府，开发商，民众的角色关系研究[D]. 武汉：华中科技大学，2009.

[51] YANG Y R，CHANG C H. An urban regeneration regime in China：A case study of urban redevelopment in Shanghai's Taipingqiao area[J]. Urban Studies，2007，44(9)：1809－1826.

[52] HIN L L，XIN L. Redevelopment of urban villages in Shenzhen，China—An analysis of power relations and urban coalitions[J]. Habitat International，2011，35(3)：426－434.

[53] NAKOSTEEN R A，ZIMMER M A. Determinants of regional migration by manufacturing firms[J]. Economic Inquiry，1987，25(2)：351－362.

[54] SCHAMP E W. Decline of the district，renewal of firms：an evolutionary approach to footwear production in the Pirmasens area，Germany[J]. Environment and planning A，2005，37(4)：617－634.

[55] 张庭伟. 1990年代中国城市空间结构的变化及其动力机制[J]. 城市规划，2001，25(7)：7－14.

[56] 樊杰，王宏远，陶岸君，等.工业企业区位与城镇体系布局的空间耦合分析

[J]. 地理学报，2009，64(2)：131－141.

[57] AN Y，WAN L. Modelling industrial firm relocation with impacts of spatial dependence[J]. International Journal of Urban Sciences，2017：1－24.

[58] 刘颖，周沂，贺灿飞. 污染企业迁移意愿的影响因素研究——以浙江省上虞市为例[J]. 经济地理，2014，34(10)：150－156.

[59] SCOTT A J. Locational patterns and dynamics of industrial activity in the modern metropolis[J]. Urban Studies，1982，19(2)：111－141.

[60] 郭建华. 对广州市工业郊区化的探讨[J]. 热带地理，1996，16(4)：345－349.

[61] 史进，贺灿飞. 企业空间动态研究进展[J]. 地理科学进展，2014，33(10)：1342－1353.

[62] 谭文柱. 社会关系嵌入与产业转移的区位选择[J]. 地理科学，2012，32(7)：835－839.

[63] ZHU S，HE C. Global，regional and local：new firm formation and spatial restructuring in China's apparel industry[J]. GeoJournal，2014，79(2)：237－253.

[64] 朱华晟，王缉慈，李鹏飞，等.基于多重动力机制的集群企业迁移及区域影响——以温州灯具企业迁移中山古镇为例[J]. 地理科学进展，2009，28(3)：329－336.

[65] PELLENBARG P H. In Firm migration in the Netherlands[C]. The 45th ERSA Congress，Amsterdam，2005.

[66] NORTH D C. Institutions，Institutional Change and Economic Performance[M]. Cambridge，UK：Cambridge University Press，1990.

[67] 张京祥，易千枫，项志远. 对经营型城市更新的反思[J]. 现代城市研究，2011(1)：7－11.

[68] ZIELKE P，WAIBEL M. The governance of spatial-economic restructuring in contemporary China[J]. Pacific Geographies，2014，(42)：21－27.

[69] MOLOTCH H. The city as a growth machine：towards a political economy of place[J]. American Journal of Sociology，1976，82(2)：309－332.

[70] LOGAN J R，MOLOTCH H L. Urban Fortunes：The Political Economy

of Place[M]. California, US: University of California Press, 2007.

[71] 叶林. 从增长联盟到权益共同体：中国城市改造的逻辑重构. 中山大学学报：社会科学版，2013，53(5)：129 - 135.

[72] YEH A G, WU F. The New Land Development Process and Urban Development in Chinese Cities[J]. International Journal of Urban and Regional Research, 1996, 20(2): 330 - 353.

[73] ZHU J. Local growth coalition: the context and implications of China's gradualist urban land reforms[J]. International Journal of Urban and Regional Research, 1999, 23(3): 534 - 548.

[74] ZHANG T. Urban development and a socialist pro-growth coalition in Shanghai[J]. Urban Affairs Review, 2002, 37(4): 475 - 499.

[75] STONE C N. Urban regimes and the capacity to govern: A political economy approach[J]. Journal of Urban Affairs, 1993, 15(1): 1 - 28.

[76] 杨菊萍，贾生华. 企业迁移的动因识别——基于内容分析法的研究[J]. 地理科学，2011，31(1)：15 - 21.

[77] 杨友仁，夏铸九. 跨界生产网络的组织治理模式[J]. 地理研究，2005，24(2)：253 - 264.

Transition and restructuring: A Review of Studies on Urban Industrial Space in China

Jinlong Gao

(Nanjing Institute of Geography and Limnology,
Chinese Academy of Sciences, Nanjing 210008, China)

Abstract: Transition has become a dominant international context for today's economic, social, political and urban research, in which China represents as a frontier for study. As the spatial projection of social and economic activities, China's urban spatial structure has been undergoing drastic changes and restructuring amid the dramatic institutional transformation process since the reform and opening up in late 1980s. Orthodox theories of urban restructuring intercept the pattern of urban manufacturing, enterprise (re)location, as well as space (re)production from different disciplines ranging from economics, sociology, political science and others. However, China's multiple transitions demand a more comprehensive conceptualization framework. With the combination of the effects of market-oriented reform and historical path dependency, the process of China's urban transition and spatial restructuring is much more complicated and has more Chinese characteristics. Based on the analysis of existing theoretical and empirical studies, this article reviews the pros and cons of relevant theories on the driving mechanisms. It then concludes with discussions and future prospects.

Key words: urban regeneration; industrial transition; spatial restructuring; driving mechanism; study review

农村土地整治社会稳定风险评估研究进展与展望

高连辉[1]，陈会广[1,2]，孔冬艳[1]，杨兴典[2]

（1. 南京农业大学中国土地问题研究中心，江苏　南京 210095；

2. 自然资源部海岸带开发与保护重点实验室，江苏　南京 210024）

摘　要　土地整治是乡村振兴的重要抓手，其政策制定和项目实施关系到农民利益，因而建立健全土地整治社会稳定风险评估体系尤为重要。跟踪农村土地整治社会稳定风险评估研究进展，在理论与经验上有助于建立健全风险评估体系。利用文献计量法和 CiteSpace 可视化分析对国内外土地整治社会稳定风险评估相关研究文献进行全面梳理，系统分析评估对象、内容、方法和结果等方面的研究现状。文献梳理发现，国内农村土地整治方面的研究开始于 20 世纪 90 年代末的经济快速发展背景，土地整治对经济快速发展引致的与耕地资源保护的不协调作出了相应响应，围绕耕地占补平衡开展了土地开发复垦整理。在社会稳定风险评估上，国际的文献主要关注典型区域的土地整理研究，侧重与生态结合的评估研究。而国内现有农村土地整治社会稳定风险评估主要针对中国中、东部各省典型土地整治工程，应用定性和定量相结合的研究方法，从经济、社会、环境与制度的单因子或多因子等不同研究视角对土地整治社会风险进行了全面考察。总的来说，农村土地整治社会风险的评估结果受研究的数据来源、评估方法和项目建设过程中公众参与程度等的影响。村民心理因素变化不容忽视，项目区村民的认知力和心理承受力对农村土地整治社会稳定风险的评估结果也具有重要影响。推动第三方评估主体市场的发展，尤其注重对项目区经济、

收稿日期：2019 - 7 - 18

基金项目：自然资源部海岸带开发与保护重点实验室开放基金（2017CZEPK01），国家自然科学基金（71573131、71173113）

作者简介：高连辉（1990—　），男，福建福清人，土地资源管理专业硕士研究生。

通讯作者：陈会广（1972—　），男，山东莒南人，教授，博士生导师。主要研究方向为土地制度与法学。E-mail：chenhuiguang@njau.edu.cn。

生态环境及群众意愿与心理因素等方面具体指标的深入调研,依托于项目区的真实情境,选取恰当的指标和方法对土地整治政策的制定及其实施过程进行全程评估,基于情境的机器学习、仿真模拟与智能化是今后农村土地整治社会稳定风险评估进一步研究与应用的方向。

关键词 土地整治;社会稳定风险;评估;文献计量学;CiteSpace 可视化

1 引 言

土地整治是乡村振兴的重要抓手。它是借助一系列工程、生物等措施对田、水、路、林、村进行综合治理,在中国快速的城乡转型引致农村的空心化问题加剧背景下,无疑具有巨大的潜力。[1]土地整治,作为实现农业现代化发展,有效解决社会发展对土地需求而采取的重要政策措施,也是中国农村不可缺少的空间重组方式。[2]农村土地整治项目投资多、规模大、周期长,涉及地方政府、农村基层组织与农民等利益相关者,因此它产生的经济风险、生态风险、社会风险之大不容忽视[3]。土地整治项目政策的制定和实施关系到农民的核心利益,但土地整治实践还存在着难以切实保障农民财产权利、农民难以分享土地整治产生的土地增值收益等问题[4-5]。而且,近年来农民对土地整治的需求从单纯地改善生产生活条件逐步向促进土地流转以及渴望通过参与行为实现自我价值等多层次需求转变[6]。已有研究表明,当土地整治工作的开展与农户的经济、文化、心理需求不一致时,农户的响应程度会降低[7],此外,重大项目的实施对项目区群众的传统观念产生较大冲击,农民能否适应新的环境、能否接受并融入当地的文化社会当中,这些问题容易困扰村民,导致部分群众心理恐慌并逐渐产生抗拒心理[8]。由此,农村土地整治政策实施效果及其产生的问题成为政府与各界学者关注的焦点。土地整治政策调整和项目实施面临诸多考验,亟须通过开展土地整治社会稳定风险评估,建立健全土地整治社会稳定风险评估机制,这对于保障社会和谐稳定具有重要意义。因此,本文的主要工作目的是,利用文献计量法和CiteSpace软件对国内外土地整治社会稳定风险评估相关研究文献进行全面梳理,跟踪农村土地整治社会稳定风险评估研究进展,为土地整治社会稳定风险评估体系的建立提供理论基础与思路指导。

2 中国农村土地整治实践及相关研究领域进展

2.1 中国农村土地整治实践进展

自20世纪70年代末期改革开放以来，工业化、城镇化战略逐步走上正轨，生产建设占用耕地数量快速增长，严重威胁到国家的粮食生产安全。在这样的大背景下，由政府主导的土地整治实践历经了三个阶段：

2.1.1 1986—1997年为第一阶段：从土地开发复垦到土地整理

1986年，“十分珍惜和合理利用每寸土地，切实保护耕地”成为国家长期坚持的一项基本国策。全国人大顺利通过《中华人民共和国土地管理法》，耕地保护从此获得法律地位，土地整治工作有条不紊地推进。截至1997年年底，全国有400多个县市开展了一定规模的土地整理实践，面上多以“四荒地”和未利用地的土地开发，以及废弃工矿用地的复垦为主，补充耕地。也有多个地方在实践中创新发展出独具特色的土地整治模式。例如，以江苏省苏南地区和浙江省湖州市为代表的结合基本农田建设开展的农田整理，以及以上海市和江苏省苏南地区为代表的农村住宅向中心村和集镇集中、乡镇企业向工业园区集中以及农田向规模化经营集中的“三个集中”土地整理模式等。这为土地整治内涵的外延打下实践基础。

2.1.2 1998—2007年为第二阶段：土地整治以补充耕地和占补平衡为己任

1998年，《中华人民共和国土地管理法》修订案中提出“国家实行非农业建设占用耕地补偿制度”。2005年国务院办公厅印发《省级政府耕地保护责任目标考核办法》(国办发[2005]52号)，要求省级人民政府对本行政区域内的耕地保有量和基本农田保护面积负责。2006年国土资源部下发《耕地占补平衡考核办法》(国土资源部令第33号)，确立了占补平衡考核制度。116个国家级基本农田保护示范区的出炉，标志着我国土地整治工作从以开发未利用地为主逐步转向以整治现有农田、提高耕地质量为主。据统计，1998—2007年，全国通过土地整治补充耕地4042万亩。2006年，以增减挂钩政策为引擎的农村建设用地整理逐渐成为土地整治的重要组成部分。总体上，这一阶段土地整治的中心任务围绕着补充耕地和占补平衡。

2.1.3 2008年以来划为第三阶段:土地整治兼顾补充耕地与增减挂钩

2008年《中共中央关于推进农村改革发展若干重大问题的决定》第一次以最高效力的政策文件形式提出土地整治,由此国家在土地复垦、土地整治规划、土地整治监管等相关法律制度方面不断丰富和完善。在地方实践上,2008年,以广东省作为试点示范省,开始探索以“三旧”改造为主要内容的城镇工矿建设用地整理,江苏省则推进“万顷良田建设工程”,土地整治的内涵和目标不断得到深化和明确①。土地整治的任务既兼顾补充耕地的传统领域,实现耕地占补平衡,又以城乡建设用地增减挂钩为抓手统筹城乡发展,在内涵上更加注重统筹城乡,在目标上更加注重覆盖全域。

总体上,就我国土地整治实践取得的成效而言,通过土地整治补充耕地,减轻十八亿亩耕地红线压力的目标已经实现。一方面,推动了村庄布局重新调整优化,提升了城乡建设用地的空间效率;另一方面,农用地化零为整的整治也间接推动了农地规模化经营,同时,也在一定程度上解放了农村劳动力,促进了更多的农村劳动力非农就业转移。

2.2 多学科相关领域的研究进展

2.2.1 基于文献计量学和CiteSpace的国内外研究总体概况

随着国内土地整治工作的持续推进,以及学者于20世纪末以来对耕地保护相关问题探讨的日益深入,相关学者开始关注中国国内的土地整治问题。依据土地整治发展的三个关键阶段,用文献计量法,以“土地整治(包括土地整治、土地整理和土地复垦)+研究领域”为检索词对现有学者的研究成果进行“篇名”检索及梳理,检索截止时间是2019年5月21日。梳理发现:研究成果主要集中在土地整治的概念与内涵、战略与意义、问题及对策(包括农民权益保障问题、制度监管问题、资金运作与使用问题、项目规划问题、生态问题、权属与法律问题、可持续发展问题等)、土地整治模式、效益评价、生态效益评价、社会评价、生态风险评价与综合效益评价等领域(详见表1)。

① 中国土地整治发展历程[EB/OL]. https://max.book118.com/html/2016/0224/35826039.shtm, 2016-2-27.

表 1　中国知网上土地整治论文篇数统计

Tab.1　Statistics of land consolidation in China National Knowledge Infrastructure

研究领域	合计	1986—1997 年	1998—2007 年	2008—2019 年	研究领域	合计	1986—1997 年	1998—2007 年	2008—2019 年
概念与内涵	26	3	9	14	权属与法律问题	138	2	33	103
战略与意义	93	4	29	60	可持续发展问题	91	0	46	45
农民权益保障问题	16	0	1	15	土地整治模式	554	10	97	447
制度监管问题	17	0	4	13	资金运作、使用问题	41	1	3	37
生态问题	55	1	15	39	效益评价	349	1	46	302
项目规划问题	164	0	39	125	生态风险评价	25	0	4	21

由上表分析可知，目前研究领域仍是以土地整治模式、效益评价、项目规划、法律权属等为主。农民权益保障、生态风险评价以及制度监管等研究领域开始受到学者的关注。

而对于国外关于土地整治方面的研究进展，主要跟踪 Web of Science 数据库中的文献。陈超美开发的 CiteSpace 软件在 Web of Science 数据库中的文献分析效果较好，因此本文基于 CiteSpace 软件，选取 WOS 中核心合集期刊，以 land consolidation 作为检索主题词，截至 2019 年 5 月 21 日，共检索到国际核心合集文献 1822 篇，主要分布在 1970—2019 年。CiteSpace 可以通过分析共现关键词数量的变化可以判断研究领域扩展的丰富程度，并利用共现关键词分析实现对国外土地整治方面的研究领域可视化（如图 1 所示）。从文献的关键词来看，排名前几位的是 land consolidation、typical region、farmland policy、mass rail transit system、unutilized land 等，即国际上关于土地整治的研究主要集中在典型区域的土地整理、耕地政策、因轨道交通系统而进行的土地整治、未利用土地整治研究等方面。

2.2.2　国内多学科相关领域研究的特点

（1）土地整治成为多学科共同关注的研究领域。众多学者基于社会学、经济学、生态学、管理学、心理学，以及系统动力学[9]等学科角度对土地整治诸多方面展开了广泛而深入的研究。一些研究在方法路径上有深厚的学科背景，如地理学者研究国内土地整治项目的空间分布特征[10]，成果表明，土地开发类整治

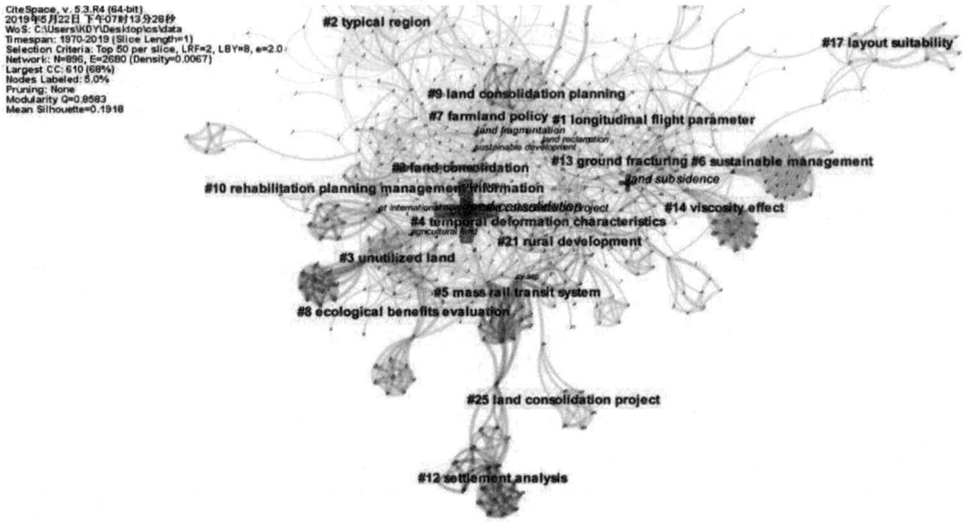

图 1 关键词共现分析

Fig.1 Analysis of co-appearance keywords

项目的分布重心移动路径偏向于西南方;土地整理类基本上处于东侧,其重心移动路径主要偏向于西北、西南,而土地复垦类重心基本上都局限于安徽省境内。现阶段土地整治项目在区域层面上主要集中于华东、华中地区,省级层面上集中分布于长江中下游地区、华东北部。管理学的研究突出了土地整治的绩效,即推动了农村集体土地集约化经营,增加了耕地面积、提高耕地质量[11]。

(2) 问题导向与目标导向双向驱动。20 世纪 90 年代以来的经济快速发展背景下,农村土地整治对经济快速发展引致的与耕地资源保护的不协调作出相应响应,在问题驱动下土地整治的初始目标是补充耕地。初级阶段的土地整治较好地完成了以新增耕地为主的阶段目标。[12]而后耕地后备资源稀缺的压力下土地整治开始覆盖全域城乡空间,耕地占补与城乡建设用地增减挂钩统筹结合。农村土地整治腾出了农村建设用地指标以保障城市化发展。[11]但是,片面追求增加城镇建设用地指标,片面追求腾退村庄用地,都会有损农民权益[13],研究注意到土地整治工作引发的农民财产权利保障与土地增值收益分享问题[4]。双向驱动带来的负向激励现象说明必须重视现象背后的城市偏向问题,土地整治政策的城市偏向到了必须改革的时候!

(3) 适应目标转变的研究重点内容多元化。上述双向驱动的分析表明,我国土地整治政策设计一方面实现了保护耕地、提升土地利用效率的目标，另一方面也引发了一些深层次的问题。研究表明农户满意度是影响农村土地整治与人类行为相互作用的重要因素[14]，这些影响因素的存在使社会冲突事件时有发生。在土地整治由补充耕地的单一传统目标向兼顾补充耕地与增减挂钩的多元目标转变过程中，国内研究内容也随之多样化，从土地整治模式[15][12]到项目规划[16]，从效益评价[17]到生态风险评价[18-19]，等等不一而足。土地整治忽视对生态环境和生态文明的保护等经济社会和环境方面的问题，长时间积累容易成为社会稳定风险爆发的导火索。国内土地整治实践引起的这些科学研究，尤其是针对土地整治社会风险的评估研究，对于土地整治政策调整、项目立项与实施，以及提高土地整治效益，降低农村土地整治社会稳定风险具有极其重要的理论和现实意义。

3 农村土地整治社会稳定风险的概念背景、心理根源与文献检索

3.1 概念背景

上述中国农村土地整治实践进展的回顾表明，土地整治的概念内涵是随着实践不断深化而发展的。土地整治，在1998年以前是以“土地整理”实践为中心而进行的概念界定，而在1999—2007年又是以“土地开发整理”概念为标志的。“土地整治”的概念在2008年第一次在中央层面(中共十七届三中全会)提出，是对“土地整理”和“土地开发整理”概念的继承和发展。土地整治无论是补充耕地还是统筹城乡发展空间，都会涉及农民利益。利益分配的公平性会影响到社会群体结构的稳定性[20]。包括土地整治在内的所有影响农民权益的公共政策决策，都具有一定的敏感性，监测评估社会稳定风险是必要的。社会稳定风险脱胎于社会风险范畴[21]，是一个具有本土特色的议题[22]。对于农村土地整治社会稳定风险概念内涵，由于众学者研究视角的不同，目前还未形成较为统一的概念。已有的研究将土地整治社会稳定风险界定为广义的包含整治工程项目开展所引发的普遍存在于政治、经济、文化和环境、制度等领域的多种社会风险因素，认为农村土地综合整治社会风险是指工程项目在开展过程中由规划设计、工程施工或拆迁补偿等原因导致的，与预期结果或目标相背离，并使得社会资源结构、功

能、秩序以及心理等遭到破坏的不确定性[23]。项晓敏等虽并未对土地整治社会风险的概念进行明确的界定，但立足于我国处于社会转型期的大背景，结合重大项目建设涉及面广、涉及利益群体众多的特征，认为在相应决策机制理论基础、技术手段、方法体系等尚未健全以及土地制度和现实操作存有缺陷的情况下，土地整治项目的实施容易导致社会冲突的频繁化和激烈化。[21]

由上述分析可知，现有学者往往将工程建设的过程风险作为土地整治社会稳定风险的研究重点，忽略了社会稳定风险的爆发往往由项目建设与影响利益相关者(主要是农民群众)之间的经济利益纠纷引起的事实。中国社会不断加深的两极分化以及随即产生的仇富、仇官心理，加剧了农民内心对于政府决策行为合理性的质疑。也就是说，转型社会的不确定性①，农民在土地整治中的权益感知以及对政府诚信②的感知，多重因素叠加在一起可能会酿成社会稳定风险中塔西佗效应或陷阱③，循环累积发展加重社会稳定风险。

3.2 心理根源

土地整治涉及农民房屋的拆迁事项，而农民的认知力、接受力普遍较为有限，在拆迁后的新环境下，生产与生活的质量是否会受影响、政府能否提供公平的补偿方案，这些问题将给处在社会底层的农民群体带来强烈的困扰和挑战。即使政府能保障农民的生活水平不降低，原本在农村密切联系的邻里关系又必然会遭到摧毁，社会关系的重建也将考验农民的心理承受力和接受力。这些因素的存在，尤其在政府决策的初期，多数农民内心或多或少会存有抵触情绪，社会风险的隐患可以说贯穿了项目建设的始终。以补偿事宜为例，假设补偿价格为 A、农民心理预期价格为 B，当 $A \geqslant B$ 时，即政府补偿不小于农民心理预期，结果倾向于相安无事；但是，当 $A < B$ 时，农民的不满情绪在农村传统的口口相传的信息传输模式下容易被放大。结果正如勒庞所说，人们从来不是按纯粹理性

① 不确定性情景下人们极有可能跟随情景中的其他人，并假定群体一定是对的，激发从众[24]。

② 奥斯特罗姆讨论了解决公共池塘资源问题中的可信承诺，“如果你遵守承诺，我也遵循承诺”，没有人想成为“受骗者”，去遵守其他人都违背的承诺[25-26]。

③ “一旦皇帝成了人们憎恨的对象，他做的好事和坏事就同样会引起人们对他的厌恶。”[27]。这被人们引申到政府公信力上，用以说明政府公信力面临的“塔西佗陷阱”挑战[28]。偏见的心理学研究也说明，人们对某些重要群体的标准和价值如果感到怀疑，那么就特别容易对他们产生偏见[29]。在社会稳定风险当中，怀疑的成分远远超过确证[30]。

的教导采取行动的，一旦他们变成了一个群体，获得了集体心理，就使得他们的感情、思想和行动变得与他们独自一人时不同，容易接受暗示的影响，感情和行动都具有传染性。[31]群众极易受到无法验证真伪的消息的鼓动，易受人诱导作出非理性的行为。[32]群体是无名氏，因此也不需要承担责任。[31]在合法渠道申诉难以实现自身利益的情况下，村民会不自觉地参与到游行、打砸等群体性事件当中，在政府处理突发事件不当以及群体极化的作用下，事件性质迅速恶化，农村社会的和谐稳定必将受到严峻挑战。

因此，农村土地整治社会稳定风险的研究不仅要立足于中国乡村振兴与农业农村现代化发展的背景，还要注重由乡土中国①向城乡中国②的转型中农民观念变迁的潜移默化和长期性。更进一步，不仅要重点研究工程项目在规划设计、工程施工以及拆迁补偿安置方案等方面可能产生的社会风险，还应该紧紧围绕农村地区的特征以及农民性格和心理行为特质等重要因素开展研究。只有这样，才能科学而全面地剖析农村土地整治所产生的社会风险并采取有效的风险防范措施。

3.3 文献检索

土地整治社会稳定风险的评估工作引起各界学者的关注与研究。运用文献计量法，以“土地整治＋社会风险”、“土地整理＋社会风险”、“土地复垦＋社会风险”三者并列作为检索词，在中国知网(CNKI)分别对“全文”、“主题”和“篇名”进行词频的精确检索，截止到 2019 年 5 月 21 日，分别共检索得 1690 篇、7 篇和 0 篇相关文献，用以上三个并列检索词全文检索绘制成图(详见图 2)。从图中可知，土地整治社会风险研究领域的相关论文数量变化在 2000 年和 2014 年有两个明显的时间节点。该领域的研究在 2000 年前后逐渐受到各界学者地关注，随后，相关论文的发表数量呈现出井喷式增长，并在 2014 年达到顶峰，之后研究的趋势虽有所放缓，但仍保持较高的年产出量。这与土地整治社会稳定风险评估在国内不断试点并得到迅速推广的过程是相契合的。

---

① 参见费孝通关于中国社会是乡土性的论断。[33]

② 城乡中国本就是一个发展中的经济社会结构[34]，但农民高度异质化及其与乡村的经济社会关系发生分野，中国已告别“乡土中国”进入“城乡中国”阶段[35]。

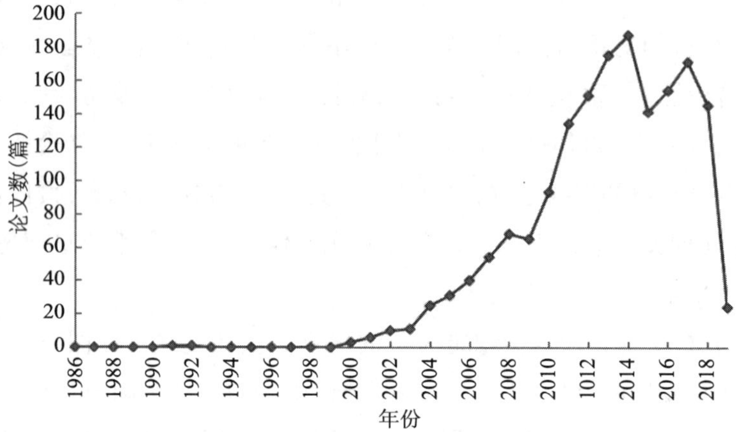

图 2　中国知网上土地整治社会风险相关论文统计

Fig.2　Papers of land consolidation social risk in China National Knowledge Infrastructure

4　农村土地整治社会稳定风险评估对象、内容与理论基础的研究

4.1　评估对象

农村土地整治社会稳定风险的评估对象主要涉及土地整治区域、土地整治工程和社会风险领域等几个方面。

国内土地整治评估研究涉及的整治区域主要分布在华东、华中、东北和华北地区，以华东和华中地区为主，而东北和华北地区则相对分布较少[10]。用文献计量法对土地整治研究区域在各省份的分布情况进行统计，分析发现论文研究区域的分布在广西壮族自治区、新疆维吾尔自治区、内蒙古自治区、黑龙江省、吉林省、江苏省和山东省等地，其次湖南省、湖北省、云南省、福建省、甘肃省等区域相对较多(见图 3)，这与国内土地整治的地域分布、政策方针及实践趋向基本一致。土地整治评估研究一般是基于行政区划选择典型的整治工程作为主要评估对象，如黑龙江三江平原东部土地开发整理重大工程[16]、湖北南水北调中线丹江口库区移土培肥重大工程[36-38]、湖南环洞庭湖基本农田建设重大工程[39-40]、南京市万顷良田工程[11,41]、吉林西部土地开发整理重大工程[42,43]、云南“兴地睦边”土地整治重大工程[44]、甘肃东部百万亩土地整治重大工程[45]等。

已有的土地整治评估研究涉及中国经济社会发展核心区、传统耕地集中区以及相对贫困落后的区域。一方面表明经济发展核心区域由于经济发展迅速、非农建设占用耕地需求量大,因此开展较多的占补平衡类土地整治项目[10],另一方面也体现了国内土地整治政策对粮食主产区扶持力度的倾斜[46],而贫穷地区则通过土地整治改善当地生产水平,提高群众收入。但是对于土地整治的社会风险评估,已有研究普遍注重土地整治区域的工程建设风险和拆迁补偿风险,较少对农户内心抵触土地整治建设而可能引起的社会稳定风险进行评估,尤其对农户在新环境的文化融入和重新建立社会关系过程中由于受到强大心理冲击可能产生的社会风险的研究更鲜有提及。

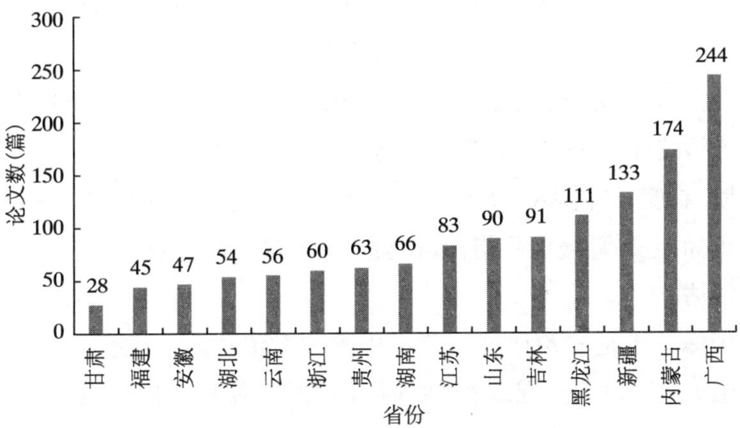

图 3 中国知网上土地整治研究区域在各省份分布的论文统计
Fig.3 Distributed statistics in each province of land consolidation in China National Knowledge Infrastructure

在土地整治社会风险评估的主要领域选择上,已有的土地整治社会风险评估研究重点关注土地整治实践在经济、社会等领域取得的良好效益,但对其产生的生态风险、社会风险的关注较少,尤其是整治行为对农民生活心态、心理方面造成的冲击和压力缺乏重视。现有对土地整治社会风险的研究往往忽视了对整治政策从开始决策到实施效果的整体评估。已有的评估研究主要是土地整治开始前的预测评估,土地整治后的评价则偏重项目建设或决策的绩效评价,对于项目区群众迁移后的生产、生活现状的评价研究仅在少量文献中有所涉及。

4.2 评估内容

农村土地整治社会稳定风险的评估包括对土地整治项目的政府决策、建设运行以及项目区居民的态度等诸多方面因子的变化进行综合评估。在现有的研究成果中,学者由于在研究阶段、风险评估目标、资料获取难易等方面的差别而选择不同的因子对土地整治社会稳定风险进行分析研究。到目前为止,学者基本上采用两种相对成熟的研究思路。早期学者一般沿用四川"遂宁模式"的五大评估内容,包括合理性、合法性、可行性、可控性和安全性[47-50]。后期逐渐有学者从项目建设的外部环境条件和项目本身条件两大方面出发,评估项目所在地的政治环境、经济环境、社会环境等外部环境,以及从项目自身的社会性、协调性和可行性等角度评估项目内部环境。[51]也有学者尝试融合两种思路的优点进行研究[52],体现在既有认同单因子的社会稳定风险评估研究,如生态风险评估[18,19,53];又有包含三因子的风险评估,如合法性、合理性、安全性[30],或者合法性、合理性、可行性[51];还有四因子的社会稳定风险评估,如合法性、合理性、可行性、可控性[54],或者合法性、合理性、可控性、安全性[55],或者合法性、合理性、可行性和可持续性[56];还有学者对土地整治的社会稳定风险进行综合评估,如囊括对环境、制度、经济和社会等领域的社会风险的综合评估[23],或者包含经济领域风险指标、生态环境风险指标、社会治安风险指标以及制度方面风险指标在内的综合评估[48]。

目前国际上土地整治研究主要以中国为对象,相关社会风险的文献较少。有学者对土地整理项目经济有效性进行评估[56],使用时间序列 MODIS NDVI (2006—2016)数据来评估中国土地整理政策在提高农业生产力方面的有效性[57]。土地整理促进扶贫的机制和路径也被纳入研究分析领域,该成果系统地回顾了 1978 年以来中国扶贫土地政策的演变,并通过典型案例研究,阐述了土地整理促进扶贫的成功实践[58]。另有研究将土地整理工程对人类活动的干扰放入陆地生态系统中进行考察,利用 GIS 技术,生态价值,景观格局指数和生态风险评价构建生态敏感性评价指标对项目区土地整理进行评估[59];以延安市典型小流域为研究区,从土地利用,景观格局,生态安全,社会经济响应和综合评价等方面探讨沟壑区土地整理对当地人—地系统的影响[60];评估土地整理对中国东南部农业区土壤变化的影响。[61]

4.3 理论基础

重大项目或重大公共政策的社会稳定风险评估起步较早,理论与方法体系较为成熟,可以为农村土地整治社会风险评估的研究提供理论基础。公共政策本身作为中国经济增长、国家转型和体制改革的依赖工具、手段和路径,公共政策的后果也是社会不稳定的一个来源[62]。重大项目的社会安全评估应从公共政策对社会的影响、公共政策执行过程中的潜在危险程度以及具体细节的风险等三方面进行全方位评估[63]。现有重大项目的社会稳定风险评估过于依赖项目的可行性分析报告,应侧重评估决策的不可行性[64]。对重大项目建设的合法性评估主要是对项目决策内容、方式、步骤以及时间是否符合宪法、法律、法规对相关内容的规定,而且合法性不属于风险内容的研究,应该是项目决策执行的前置条件[54],合法性评估应该针对政府决策和项目实施不同阶段分别评估,而不是仅仅评估政府决策的合法性。社会稳定风险评估的核心是利益分享与社会整合的程度[65],项目合理性的评估主要针对决策内容的公平公正性以及评估程序公开性,评估指标较为笼统,在实践中难以规范地转化为具体评估指标。项目安全性主要评估项目建设对生态环境、资源环境以及是否有引发群体性事件隐患的评估,多数学者仅简单评估群体对项目建设的支持度或认可度,而就项目建设在群众生活方式、社交环境、文化观念等方面的改变或冲击所导致群体心理变化引起的社会稳定风险的评估研究相对较少,仅有少数学者给予关注[49,66]。

作为一项协调区域资源环境与经济社会发展的系统工程,土地整治项目建设引发的社会稳定风险涉及项目区村民的经济、社会、文化、环境等诸多方面[23],表现为囊括五大内容(合法性、合理性、可行性、可控性和安全性)的评估框架过于笼统,对实践指标的选用上往往过于随意,难以确保指标使用的规范性。土地整治过程包含“拆、建、整、流、转”五个具体环节,而每个环节对应不同的风险引致因素,例如在拆迁环节,涉及补偿标准确定、拆迁时限把握、安置区选取等具体内容,因此,可以尝试转换研究思路,从土地整治具体环节出发,针对相应的环节设置具体而规范的评估指标内容。从文献分析统计可以看出,在评估因子的选择上,已有的针对项目区村民群体层面的风险评估研究主要倾向于村民的支持度或满意度、收入变化、失业率等方面的研究,而关于村民对国家政治满意率、对经济发展满意率、对社会发展的满意率和文化心理的考察分析较少,尤其在项目区村民对村干部的信任度、对重建家园和融入新环境、建立新社交环境的心理适应和变化过程等方面缺乏研究。基于土地整治引致的涉及社会、经济和文化心理方面风险的复杂性,仅从某几个因子的相关评估难以解读由土地整治导致的多元影响因素的社会稳定风险,由此提出的土地整治社会风险防范措施的经验支撑有限。

5 农村土地整治社会稳定风险评估方法与结果的研究

5.1 评估方法

评估方法的选取直接关系到土地整治社会稳定风险评估结果的准确度，是社会风险评估的一个关键环节。土地整治社会稳定风险的评估方法选择，一般分为定性和定量两类。从定性、定量这两种主要研究方法引入土地整治社会稳定风险评估的历程来看，早期的研究主要倾向于定性描述的方法，近年来定性描述和定量测算相结合的方法逐渐增多[21,48]，并成为重要的评估方法。

定量评估涉及评估指标体系构建、指标权重确定和风险程度定级等方面。层次分析法(AHP)是构建重大项目社会稳定风险评估指标的主要方法[67-70]，该方法围绕政策目标可较为系统地构建土地整治制度、经济、社会和环境领域社会稳定风险评估指标体系[23,47,50]。基于研究目的、数据资料获取难易情况以及项目所在区域具体情况的差异，各个评估研究最终甄选出的评估指标不尽相同。制度领域社会稳定风险评估多选择信息公开与公众参与水平、公众对扶持政策满意程度、工程中基层干部廉洁状况、项目社会风险问责制度的完善性、项目区群众对工程有异议时沟通渠道的畅通性、预警措施和应急处置方案的完善情况等指标。经济领域社会稳定风险评估多选择项目区群众对补偿标准和方式的满意情况、工程项目造成失业情况、对农民收入的影响、工程项目对农民生活成本产生的影响、项目资金筹措的可行性等指标。社会领域社会稳定风险评估多选择群众对项目的支持程度、项目影响区域大小和民众范围、项目与当地风俗和宗教信仰的融合情况、征地拆迁可能带来的社会风险、对安置方案的满意度、贫富差距拉大的风险、人均住房面积变化情况、社会治安水平变化、社会联系变化、工程移民与安置区居民融合程度等指标。环境领域社会稳定风险评估多选择耕地土壤肥力下降能否被群众接受、项目生成的环境噪声和粉尘引发的群众不满、生活环境恶化可能引发的社会风险等指标。极少研究者将群体心理作为一个与合法性、合理性、可行性与可控性并列的评估主题，从主管部门影响力、被信任程度、非正式权威影响力、民间信息渠道、群体的认知心理、群体归属心理和群体促进心理等具体指标进行了考察。[66]专家打分法(德尔菲法)和熵值法在社会风险评估指标权重确定中较为常见[23,71]。此外，公众参与法[72]、逻辑框架法[73]、专家咨询法[74]等方法也较为常见。

压力—状态—响应模型(PSR)广泛用于可持续发展指标体系研究、水资源指标体系研究以及土地资源指标体系研究当中,能够反映系统各要素间的相互作用与互馈机制①。基于土地整治重大项目具有规模大、投资多、周期长、风险高、权益关系复杂、区域影响强烈等特点[21],以及社会稳定风险的发生、传导、作用与项目所在区域的经济、社会、环境等子系统间的复杂关系,学者逐渐在土地整治社会风险评估中使用压力—状态—响应模型(PSR)。该模型能很好地阐释土地整治项目社会稳定风险从风险诱因、风险发生状态变化以及风险化解等整个发展过程[21,75],基于PSR框架构建的耕地集约利用评价体系能够动态地评价土地整理对耕地集约利用带来的影响[76]。压力—状态—响应分析方法一般应用SPSS统计软件对数据进行无量纲化处理,相关系数分析法剔除不显著变量,以及使用因素相关性分析法降低数据分析的维度,最后利用主成分分析法构建评估指标体系,从压力指标、状态指标和响应指标三个维度综合评估社会稳定风险值。另有,分析社会风险的传播以及解释牛鞭效应产生原因的社会风险链模型[77],从风险发生概率、造成影响和风险发生的控制能力三方面构建的评估社会稳定风险值的多维综合评价模型[55],评估社会系统稳定对工程项目建设响应的社会系统脆弱性评价模型[78],还有学者引入Analytic Network Process(ANP)方法构建土地整治综合效益评价模型[79]。

基于研究中获取数据资料情况以及项目所在区域特点,已有的社会稳定风险研究以定性和定量相结合的层次分析法(AHP)的使用为主。层次分析法可用于对社会风险、经济风险、生态环境风险以及文化心理风险等单因子社会风险的评估,在具有多因子的风险综合评估研究中也多有应用。由于层次分析法在指标权重确定中存在主观性过强的缺点,现有研究中学者一般将其结合熵值法一同使用,以确保最终指标权重赋值结果的准确性。压力—状态—响应模型(PSR)能够科学地阐释社会风险从风险诱因到风险应对措施这一整个过程,但构建完整的PSR模型是一个复杂的工程,指标众多难以筛选以及指标间的关联性和重叠问题,往往致使指标的取舍妥协于系统的完整概括性和直观解释的便利性。而模糊层次评价模型、多维综合评价模型、社会风险链模型和社会系统脆弱性评价模型等评估方法受研究数据获取、分析模型建立等方面的约束,在土地整治社会稳定风险的评估研究中的应用相对较少。

---

① PSR[EB/OL]. https://baike.baidu.com/item/PSR/16014155? fr=aladdin。

5.2 评估结果

土地整治项目建设的评估或评价结果可用正向效应或负向效应来描述。从对现有土地整治工程评估的结果来看,土地整治项目建设的正向效应更为突出[19,20,80,81],这一定程度上体现了土地整治基本目标的实现,但负向效应也有存在[4,13,82,83]。土地整治正负效应评估结果主要体现在生态效益、社会效益、景观效益[84]等三个方面,其中尤以生态效益的整治潜力相对较大。

从对现有文献的分析发现,土地整治社会风险评估研究所采用的数据来源对土地整治的评估结果产生了重要影响。土地整治评估结果为正向效应的数据多源于官方统计数据或其与调研数据相结合使用的数据[2,23,85,12],而评价结果整体为正向效应但又包含有部分负向效应的研究数据来源则以实地调研为主[2,82,17]。从中反映出土地整治评价主体在研究视角和研究深度上的差异,也在一定程度上体现了政府对于土地整治风险评估或评价过程的走形式行为,忽视了评估结论对决策所具有的重大价值[86]。故在土地整治实践中应多尝试以第三方为评估主体,确保评估的科学性、公正性和公平性。另外,在土地整治评估工作中应注重对实地调研获取数据方式的重视,只有科学的调研设计和调研过程,才能保障实地调研数据的准确性。

土地整治社会风险评估结果揭示了公众参与在土地整治政策的制定和实施中所起到的重要作用,一定程度上公众参与重大工程项目的程度越高,社会风险越小[51]。甚至有学者认为在项目区群众态度和行为不认可的情况下实施的土地整治是不成功的,项目区村民应当参与到影响其未来的土地整治决策当中[87]。土地整治社会稳定风险的发生通常由整治区域群众与当地政府或施工方的利益冲突引致,故在土地整治政策的制定中是否满足农民的合理需求以及工程建设中能否确保农民的利益不受损理应成为衡量土地整治政策执行成功与否的关键评价指标。实践中群众自主方式土地整治模式的出现[15]以及公众的利益诉求和意见表达在社会风险评估中所扮演的关键角色[88]都充分说明项目区群众的意愿在土地整治政策实践过程中的重要性。群众意愿是构成土地整治项目建设外部环境中的重要部分,某种程度上是其合法性、合理性和可行性的综合表征,这从根本上影响到土地整治的社会稳定风险问题[14]。然而国内在土地整治政策的制定和实施过程中对项目区群众的真实意愿和需求的实地调研仍过于粗泛。

农民认知力不足和心理承受力薄弱影响着土地整治社会稳定风险评估结

果，而现实是农民对项目建设情况和自身生存能力的自信心较为有限，在新环境下生产、生活的未知性容易使他们陷入恐慌[8]。事实上，土地整治过程会对项目区群众生活产生多方面的冲击，其本质上是农民对安置补偿情况的担忧以及对自身生存能力的不自信，表现为由整治搬迁后在新环境下的生产方式、生活方式、收入和支出以及文化融入和社会关系重建等物质生活和精神生活两方面的忧虑引致，如影响农民收入来源和居住方式的基本要素便是补偿安置方案中是否提供承包地和宅基地安置，这对于农民能否在新的环境中快速安定下来发挥极为重要的作用[89]，也对农民的生活预期或憧憬产生重要影响，而在农民的生活中少不了盼头。另外，土地整治政策项目实施前未能够对农民意愿进行深入调研、拆迁到交房过渡期偏长且补助的有限性等因素都可能引致土地整治社会稳定风险问题。

6 总结与展望

6.1 总结

农村土地整治项目的开展对改善农村生产、生活环境以及提高农民生活质量具有重要意义。上述诸多学者对土地整治的实践问题和相关理论进行了多角度的深入研究，研究成果为国家和地方进一步完善土地整治政策提供了良好的支持。而农村土地整治政策制定和项目实施关系到农民利益，由此引出的对社会稳定风险的评估研究已成为各学科领域众多学者关注的热点社会问题之一。因此，建立健全土地整治社会稳定风险评估体系尤为重要，已有的研究成果在理论与经验上对建立健全风险评估体系提供了必要的支撑。

文献梳理发现，国内农村土地整治方面的研究开始于 20 世纪 90 年代末的经济快速发展背景，土地整治对经济快速发展引致的与耕地资源保护的不协调作出了相应响应，围绕耕地占补平衡开展了土地开发复垦整理。土地整治的问题导向与目标导向双向驱动又带来了城市偏向的负向激励，片面追求城乡建设用地增减挂钩，这成为乡村振兴与新型城镇化在机制上的短板和体制上的短视。在社会稳定风险评估上，国际的文献主要关注典型区域的土地整理研究，侧重与生态结合的评估研究，而国内现有农村土地整治社会稳定风险评估主要针对中国中、东部各省典型土地整治工程，应用定性和定量相结合的研究方法，从经济、社会、环境与制度的单因子或多因子等不同研究视角对土地整治社会风险进行全面考察。从本质内涵上看,农村土地整治社会稳定风险是由土地整治工程引致的对农村一定区域的人类生产和生活产生的一系列后果,涉及整治区域的经济、社会、心理、文化和环境等多方面的变化。相关学者尝试从不同研究视角、应用多种方法模型对农村土地整治的制度、经济、社会、环境和文化心理等诸多方面的影响及风险评估进行了多层次的探索和研究。但通过以上对土地整治社会稳定风险及评估研究文献的分析发现,目前的研究存在以下三个方面的问题:

6.1.1 重项目本身社会风险评价轻利益相关者农民的社会风险评价

这是已有的成果在研究对象上的不足之处。农民在追求自身权益的基础上,对追求社会公平、公正有了更为深切的渴望和需求。在这样的背景下,土地整治社会稳定风险的研究理应提高对农民这一重要利益相关者的重视,村民心理因素变化不容忽视,项目区村民的认知力和心理承受力对农村土地整治社会稳定风险的评估结果也具有重要影响。农村土地整治通过"拆、建、整、流、转"等环节削弱了农民与土地的联系,但农村集体经济组织提供给农民宅基地和承包地,这是农民在农村生存的基本要素之一,农民与土地的情结、农民的地方依恋在当前的研究中没上升到文化心理的层面。中国农村土地不仅是物质资源载体,还囊括了身份阶层、记忆情感的文化元素[90]。土地整治在某种程度上硬性打断了农民与土地的关系,在社会稳定风险评估上应该作必要的政策反思,应该关注农村区域的特殊性,以及农民身上在观念、性格特质、心理特质、行事风格等方面不同于社会其他阶层群体的特征。

6.1.2 传统领域风险评估较多,社会稳定风险评价较少

这是已有的研究在评估内容上的不足。经济与生态领域风险评估成果突出,关注土地整治过程中涉及的拆迁区群众的经济补偿、生态环境变化,普遍注重土地整治区域的工程建设风险和拆迁补偿风险的研究。但是,我国土地整治实践中出现了经济纠纷、环境破坏、群体上访事件等重大现实问题,社会稳定风险的评估研究工作虽注意到村民思想意识、生活习惯和心理上的改变和冲击,但已有研究较少对农户内心抵触土地整治建设而可能引起的社会稳定风险进行评估,尤其对农户在新环境的文化融入和重新建立社会关系过程中由于受到强大心理冲击而可能产生的社会风险的研究过少。经济、社会、生态环境与文化心理等方面的综合影响评估需要加强。

6.1.3 评估结果的质量有待提升

农村土地整治社会风险的评估结果受研究的数据来源、评估方法和项目建

设过程中公众参与程度等的影响。首先，数据资料来源上重可行性研究报告轻实地调研，重二手数据资料轻一手数据资料。其次，在方法上重指标体系构建轻情境仿真模拟。重大政策决策和建设项目的社会稳定风险评估是一件新事物，其方法还需要在实践中摸索[91]，土地整治为风险评估方法研究提供了丰富的案例，目前基于指标体系构建的评估方法体系较为完善，但基于真实情境的机器学习和仿真模拟等智能化的研究严重不足。再次，重项目规划设计轻全过程风险管理，重项目管理轻公众参与。风险评估的研究资源配置倾向土地整治项目规划设计与建设，缺少全过程风险评估与跟踪管理的研究，研究中也忽视公众参与的影响。

6.2 展望

今后的研究应该关注以下几个方面：

6.2.1 重点关注农村土地整治在经济、社会、生态环境与文化心理等方面的综合影响

农村土地整治社会稳定风险评估研究首要的是符合提升土地产能和统筹城乡土地配置战略的主要目标，尤其注重与乡村振兴相结合，带动农业农村现代化发展。目前经济领域和社会领域是评估的重点，现有文献对此也有所体现。经济领域风险评估除了关注项目资金筹措的可行性、项目区群众对补偿标准和方式的满意度以及对农民收入水平的影响的全面评估之外，还应该通过细化指标体系，选取包括投入、产出在内的关键性经济领域评估指标，尤其在测算农民生活水平变化情况时，注意对农民生产、生活成本的统计。社会领域风险评估除了对社会治安水平、安置方案满意度、征地拆迁社会影响等宏观层面的考察外，应该注意农村地区信息流通的特点以及农民自身生存能力有限、认知力和接受力不足的实际情形，评估指标的甄选应建立在充分理解宅基地、承包地等基本要素对农民在农村生活的无以取代的意义的基础上。另外，土地整治引起的心理变化和文化融入问题等微观层面的变化在社会风险评估中应予以特别关注。一方面，土地整治项目区村民，尤其那些需要拆迁重新安置的农户要时刻关注补偿款的动向，做好与政府进行利益博弈的准备，另一方面，社会关系的重建、新环境里生产和生活情况的未知性，将使村民承受力薄弱的内心受到考验。因此，对土地整治引起村民的心态变化、文化融入困难等问题上的具体动态要密切关注和研究，而这在现有土地整治社会稳定风险评估研究中较为缺乏，亟须从村民的认知力、村民对村干部的信任以及土地整治后村民的生产方式和生活习俗改变等多

方面分析项目建设对农民心理产生的具体影响。

6.2.2 注重对土地整治政策从决策设计、制定、实施和效果的全过程风险评估

土地整治政策,作为一项重要的公共政策,也是一项综合而复杂的系统工程,包括整治政策的设计、制定以及实施。公共政策本身是促进经济增长、国家转型升级和体制改革的重要工具,但公共政策设计和执行的后果也是引致社会不稳定的一个重要来源[58]。土地整治政策执行过程中可能涉及规划、国土、水利等多个政府部门间的协调合作,以及政府、项目建设方以及农民等多个主体间的利益博弈。政策制定与执行过程的科学合理性将直接影响到项目进行的效率和效果。因此,土地整治政策评估囊括对整治前和整治后两个不同时间段的具体情况的评估。土地整治项目开始前着重评估农民的意愿与需求,农民对项目的支持度和理解度直接关系到项目执行过程的效率,更是体现这个项目到底是否适合、判定项目是否有必要继续进行的重要评价因素。在土地整治项目建设完成后也应当对项目建设预期目标的实现情况、项目区村民在新环境中的生产和生活质量进行科学评价,以最大限度地降低土地整治的社会风险,最大限度地保障群众的权益。

6.2.3 突出实地调研与真实情境的仿真模拟相结合

对土地整治社会稳定风险的评估不得脱离项目区的真实情境,突出实地调研与真实情境的仿真模拟相结合是今后的研究方向。在实地调研上:第一,评估指标体系应根据项目区具体情况来构建。应在官方维护社会稳定核心指标以及现有相关文献使用指标的基础上初拟评估指标体系,然后通过对村委会、村组、施工企业以及参会村民代表各方等多层面的实地访谈,深入了解各方对项目建设产生的关于社会风险的具体意见,着重关注农民群体的态度意愿和具体需求动态,在此基础上对评估指标体系进行合理修正,确保指标体系的科学性以及数据来源的客观性。第二,指标权重的确定应在使用客观赋值方法的基础上结合专家打分法等主观赋权方法的使用,使评估结果更合乎项目区的实际情形。第三,调研过程应确保由农户等调研对象独立完成问卷。实际中问卷调查工作的开展一般都需要当地村委会干部先向农户解释问卷的意图,以提高农户的参与度,但为确保农户等调研对象完成问卷的质量,应尽量避开村干部等相关利益者可能产生的干扰,而且相对独立的访谈环境也有益于农户敞开心扉对问题进行较为深入的交流,只有评估数据来源客观和科学,社会风险的评估结果才会更加准确,评估结果才有可能实现其真正的决策价值。在实地调研基础上,关注典型

案例,关注基于情境的行动,研究基于真实情境的机器学习和仿真模拟,实现社会稳定风险评估的智能化。

6.2.4 研究推进第三方评估平台的市场发展

土地整治社会稳定风险的评估主体归属对风险评估结果具有重要的影响,评估主体也在某种程度上决定了评估结果的重要性程度。对现有文献的分析表明,政府出资主导的土地整治社会风险评估过程过于形式,评估结论的价值未能得到很好的体现。而由政府、专家学者、第三方等组成的多维评估主体由于在实践操作、评估资金、知识技术和主导性问题等层面存在问题,故在实践操作中较少使用。尽管第三方评估市场尚未建成完善的制度体系,为了真实、准确地反映土地整治过程中产生的社会风险隐患,应在项目区群众、政府、大众媒体和专家学者监督和考察的基础上,选择具备专业化人才队伍的第三方作为评估主体,通过加快土地整治社会风险第三方评估市场的发展,解决第三方发展滞后性、制度保障缺失等问题,充分发挥第三方独立于政府内部的多元利益主体和内部矛盾的特性,从而确保评估结果的客观性、公平性和准确性。

参考文献:

[1] LIU Y S, YANG R, LI Y H. Potential of land consolidation of hollowed villages under different urbanization scenarios in China[J].Journal of Geographical Sciences, 2013, 23(03): 503 - 512.

[2] LONG H L. Land consolidation: An indispensable way of spatial restructuring in rural China[J].Journal of Geographical Sciences, 2014, 24(02): 211 - 225.

[3] 陈会广,李浩华,张耀宇,等. 土地整治中农民居住方式变化的生态环境行为效应分析[J]. 资源科学,2013,35(10):2067 - 2074.

[4] 张勇,包婷婷. 我国农村土地整治中农民土地财产权保护探讨[J]. 经济问题探索,2013,(03):136 - 141.

[5] 张勇,汪应宏,包婷婷,等. 土地整治研究进展综述与展望[J]. 上海国土资源,2014,35(03):15 - 20.

[6] 石峡,朱道林,张军连,等. 土地整治农民需求层次特征及影响因素研究[J]. 农业工程学报,2015,31(03):304 - 311.

[7] 潘卓,廖和平,杨伟,等. 基于新一轮土地整治特征的农户响应与影响因素

分析——以璧山县大路街道为例[J]. 西南大学学报(自然科学版), 2012, 34(10): 131-136.

[8] 张鹏, 陈娟. 三峡库区外迁移民的社区文化冲突及对策[J]. 东北师大学报(哲学社会科学版), 2006, (06): 146-149.

[9] JIN X B, XU X X, XIANG X M, et al. System-dynamic analysis on socio-economic impacts of land consolidation in China[J]. Habitat International, 2016, 56: 166-175.

[10] 杨绪红, 金晓斌, 管栩, 等. 2006—2012年中国土地整治项目空间特征分析[J]. 资源科学, 2013, 35(08): 1535-1541.

[11] 赵小风, 黄贤金, 王小丽, 等. 基于城乡统筹的农村土地综合整治研究——以南京市靖安街道"万顷良田建设"为例[J]. 长江流域资源与环境, 2013, 22(02): 158-163.

[12] 信桂新, 杨朝现, 魏朝富, 等. 人地协调的土地整治模式与实践[J]. 农业工程学报, 2015, 31(19): 262-275.

[13] 贺鲲鹏, 吕红娇. 论农村土地整治中农民权益的保障[J]. 农业经济, 2011(01): 81-82.

[14] LUO W B, TIMOTHY D J. An assessment of farmers' satisfaction with land consolidation performance in China[J]. Land Use Policy, 2017, 61: 501-510.

[15] 张蚌蚌, 王数. 群众自主式土地整治模式及其效应研究——以新疆玛纳斯县三岔坪村为例[J]. 经济地理, 2013, 33(05): 131-136.

[16] 关国锋, 刘群利, 马龙泉. 土地整理重大工程规划编制若干问题研究——以黑龙江省三江平原东部地区土地整理重大工程为例[J]. 中国国土资源经济, 2010, 23(05): 31-34,55.

[17] 杨俊, 王占岐, 金贵, 等. 基于AHP与模糊综合评价的土地整治项目实施后效益评价[J]. 长江流域资源与环境, 2013, 22(08): 1036-1042.

[18] 吴金华, 张伟, 刘小玲. 基于RRM模型的神木县土地整治规划生态风险评价[J]. 中国土地科学, 2014, 28(03): 76-82.

[19] 刘世梁, 侯笑云, 张月秋, 等. 基于生态系统服务的土地整治生态风险评价与管控建议[J]. 生态与农村环境学报, 2017, 33(03): 193-200.

[20] 张庶, 金晓斌, 徐霄枭, 等. 基于SD和模糊综合评价的土地整治项目社会

影响评价[J]. 中国农学通报，2014，30(34)：81－88.

[21] 项晓敏，金晓斌，陈原，等. 土地整治重大项目社会稳定风险评估初探[J]. 中国农学通报，2015，31(05)：250－255.

[22] 胡智强. 我国重大工程项目社会稳定风险评估规制路径研究[J]. 河北法学，2013，31(12)：105－112.

[23] 吴晓涛，李烨，郑华伟，等. 农村土地综合整治社会风险评价——以南京市江宁区为例[J]. 水土保持通报，2015，35(05)：245－250.

[24] [美]道格拉斯·肯里克，史蒂文·纽伯格，罗伯特·西奥迪尼. 自我·群体·社会：进入西奥迪尼的社会心理学课堂[M].谢晓非，等译.北京：中国人民大学出版社，2011：148－150.

[25] OSTROM E. Governing the Commons[M]. Cambridge University Press，1990：43－45.

[26] [美] 埃莉诺·奥斯特罗姆. 公共事物的治理之道[M]. 上海：上海三联书店，2000：71－73.

[27] [古罗马] 塔西佗. 塔西佗历史[M].王以铸，崔妙因，译.北京：商务印书馆，1981:7－8.

[28] 汤其琪，黄贤金. 土地督察信息公开的风险影响评价——以专项督察制度为例[J]. 中国土地科学，2015，29(02)：38－45.

[29] [德]格尔德·米策尔. 心理学入门[M].张凤凤，金建，译.北京：中央编译出版社，2011：544－546.

[30] 徐亚文，伍德志. 论社会稳定风险评估机制的局限性及其建构[J]. 政治与法律，2012(01)：71－79.

[31] [法] 古斯塔夫·勒庞. 乌合之众——集体心态的奥秘[M]. 段力译. 北京：时事出版社，2014：009－020.

[32] 鲍卫敏，李乃文.移动网络舆论下重大事项的社会稳定风险评估[J].新闻研究导刊，2016，7(18)：14－15，18.

[33] 费孝通. 乡土中国生育制度[M]. 北京：北京大学出版社，1998:6－11 .

[34] 周其仁. 城乡中国(上)[M]. 北京：中信出版社，2013：Ⅷ.

[35] 刘守英，王一鸽. 从乡土中国到城乡中国——中国转型的乡村变迁视角[J]. 管理世界，2018(10)：128－146，232.

[36] 包洪福. 南水北调中线工程对丹江口库区生物多样性的影响分析[D].哈尔

滨:东北林业大学，2013.

[37] 赵微，闵敏，李俊鹏. 土地整理区域生态系统服务价值损益规律研究[J]. 资源科学，2013，35(07)：1415－1422.

[38] 刘远书，高文文，侯坤，等. 南水北调中线水源区生态环境变化分析研究[J]. 长江流域资源与环境，2015，24(03)：440－446.

[39] 胡文敏. 环洞庭湖区土地利用变化及其生态环境效应[D].长沙:湖南农业大学，2014.

[40] 屈远明，王宋辉，王亚梅. 农村土地综合整治提升粮食产能作用分析研究——以环洞庭湖基本农田建设重大工程为例[J]. 国土资源导刊，2011(06)：56－57.

[41] 诸培新，王敏，胡军. 农村土地整治的区域条件与微观农户意愿研究——以南京市万顷良田工程为例[J]. 南京农业大学学报(社会科学版)，2015，15(01)：61－67,125.

[42] 聂英. 吉林省西部地区土地开发整理区域效应及其综合效益评价[D].长春:吉林农业大学，2015.

[43] 聂英，王守臣. 农地后备资源开发整理效益评价及分析——以吉林省西部土地开发整理重大项目为例[J]. 农业技术经济，2013(04)：108－116.

[44] 何志强."兴地睦边"：云南土地整治大工程[J]. 中国土地，2010(04)：8－13.

[45] 王东，陈英，杨润慈. 黄土丘陵沟壑区耕地整治优先度及模式——以麦积区为例[J]. 资源科学，2017，39(02)：231－239.

[46] 胡业翠，郑新奇，徐劲原，等. 中国土地整治新增耕地面积的区域差异[J]. 农业工程学报，2012，28(02)：1－6.

[47] 江西省发展和改革委员会课题组. 构建重大工程项目社会稳定风险评估机制的研究[J]. 价格，2011(12)：1－14.

[48] 陈曦. 积极稳妥地推行社会稳定风险评估工作[J]. 中国行政管理，2011(08)：121－124.

[49] 董幼鸿. 重大事项社会稳定风险评估制度的实践与完善[J]. 中国行政管理，2011(12)：80－83.

[50] 杨雄，刘程. 加强重大项目社会稳定风险评估刻不容缓[J]. 探索与争鸣，2010(10)：32－36.

[51] 李晶晶，华坚. 重大水利工程项目社会稳定风险评估综述[J]. 水利经济，

2016(04): 4－8,73.

[52] LIN K L. Determining key ecological indicators for urban land consolidation[J]. International Journal of Strategic Property Management, 2010, 14(02): 89－103.

[53] 汪大海，张玉磊. 重大事项社会稳定风险评估制度的运行框架与政策建议[J]. 中国行政管理，2012(12): 35－39.

[54] 廉如鉴，黄家亮. 社会管理创新视野下重大事项社会稳定风险评估[J]. 湖南社会科学，2011(06): 63－66.

[55] 向鹏成，李高敏，金赤. 重大工程项目的社会稳定风险多维综合评价研究[J]. 工程研究—跨学科视野中的工程，2017，9(02): 212－220.

[56] JANUS J, MARKUSZEWSKA I. Forty years later: Assessment of the long-lasting effectiveness of land consolidation projects[J]. Land Use Policy, 2019, 83: 22－31.

[57] JIN X B, SHAO Y , ZHANG Z H, et al. The evaluation of land consolidation policy in improving agricultural productivity in China[J]. Scientific Reports, 2017, 7(1):2792－2795.

[58] ZHOU Y, GUO L Y, LIU Y S. Land consolidation boosting poverty alleviation in China: Theory and practice[J]. Land Use Policy, 2019, 82: 339－348.

[59] ZHANG Q Q, ZHANG T Z. Land consolidation design Based on an evaluation of ecological sensitivity [J]. Sustainability, 2018, 10 (10): 3736－3754.

[60] LI Y R, LI Y, FAN P C, et al. Impacts of land consolidation on rural human-environment system in typical watershed of the Loess Plateau and implications for rural development policy[J]. Land Use Policy, 2019, 86: 339－350.

[61] WU C F, HUANG J Y, ZHU H, et al. Spatial changes in soil chemical properties in an agricultural zone in southeastern China due to land consolidation[J]. Soil and Tillage Research, 2019, 187: 152－160.

[62] 朱德米. 政策缝隙、风险源与社会稳定风险评估[J]. 经济社会体制比较，2012(02): 170－177.

[63] 孙正，赵颖. 社会矛盾与冲突压力下公共政策问题的思考——构建社会主义和谐社会的政策视角[J]. 国家行政学院学报，2007，(05)：36－38,46.

[64] 周汉民. 关于尽快建立政府重大行政决策风险评估机制的提案[J]. 经济界，2011(02)：11－12.

[65] 尹利民，全文婷. 利益分享与社会整合：社会稳定风险的防范——以P核电项目移民安置为例[J]. 南昌大学学报(人文社会科学版)，2014，45(03)：44－49.

[66] 李文涛. 土地综合整治项目的社会稳定风险评估研究——以Y镇为例[D]. 成都:西南交通大学，2015.

[67] 蔡玉军，张宇. 基于AHP法和BCA法的房屋征收社会稳定风险评价体系研究——以深圳轨道11号线房屋征收为例[J]. 广东土地科学，2013，12(03)：32－36.

[68] 王波，黄德春，华坚，等. 水利工程建设社会稳定风险评估与实证研究[J]. 中国人口·资源与环境，2015，25(04)：149－154.

[69] 孙琦峰. 基于经济指标构建的社会稳定风险评估研究[J]. 财经问题研究，2015，(03)：16－23.

[70] 贯耀锋. 中国生态移民效益评估研究综述[J]. 资源科学，2016，38(08)：1550－1560.

[71] 黄莉. 水库移民社会稳定风险预警机制研究[J]. 水力发电，2011，37(09)：5－8.

[72] 唐勇，徐玉红. 国外社会影响评价研究综述[J]. 城市规划学刊，2007(02)：72－77.

[73] 施国庆，董铭. 投资项目社会评价研究[J]. 河海大学学报(哲学社会科学版)，2003，5(02)：49－53.

[74] 袁勤俭，宗乾进，沈洪洲. 德尔菲法在我国的发展及应用研究[J]. 现代情报，2011(05)：3－7.

[75] 杨永芳，安乾，朱连奇. 基于PSR模型的农区土地利用冲突强度的诊断[J]. 地理科学进展，2012，31(11)：1552－1560.

[76] XIAO Y，YIN K. Evaluation of the arable land intensive use in before and after comprehensive land consolidation—A case study of DaLu town[J]. Advanced Materials Research，2014，955－959：3962－3967.

[77] 黄德春，马海良，徐敏. 重大水利工程项目社会风险的牛鞭效应[J]. 中国人口·资源与环境，2012，22(11)：95－100.

[78] 黄德春，张长征，Upmanu Lall，等. 重大水利工程社会稳定风险研究[J]. 中国人口·资源与环境，2013，23(04)：89－95.

[79] LIU C F，SHI P J. ANP evaluation on the comprehensive benefit of land consolidation project in the arid areas of northwest China-illustrated by the case of Gaoyan mountain land consolidation project in Yuzhong county of Lanzhou[J]. Key Engineering Materials，2011，460－461：195－200.

[80] 薛思学，张克新，黄辉玲，等. 土地整治项目绩效评价研究——以黑龙江省为例[J]. 国土与自然资源研究，2012(01)：28－30.

[81] 刘姝驿，杨庆媛，何春燕，等. 基于层次分析法(AHP)和模糊综合评价法的土地整治效益评价——重庆市 3 个区县 26 个村农村土地整治的实证[J]. 中国农学通报，2013，29(26)：54－60.

[82] 何如海，聂雷，何方. 生态涵养型土地整治综合效益评价——以安徽省池州市贵池区项目为例[J]. 中国农业大学学报，2013，18(04)：232－237.

[83] 艾建超，赵力，程龙飞，等. 土地整理进程中镇赉项目区景观格局变化及生态风险[J]. 东北师大学报(自然科学版)，2013，45(02)：146－152.

[84] XUE J B，ZHANG B. Impact of rural land consolidation on the changes of landscape pattern：take Haiyan county as an example[J]. Advanced Materials Research，2015，1065－1069：2870－2877.

[85] 张正峰. 土地整治可持续性的标准与评估[J]. 农业工程学报，2012，28(07)：1－7.

[86] 武胜伟. 基于利益相关者视角的社会稳定风险评估研究[J]. 河南师范大学学报(哲学社会科学版)，2014，41(02)：35－38.

[87] FANG Y G，SHI K J，NIU C C. A comparison of the means and ends of rural construction land consolidation：Case studies of villagers' attitudes and behaviours in Changchun City，Jilin province，China[J]. Journal of Rural Studies，2016，47：459－473.

[88] 张玉磊. 多元主体评估模式：重大决策社会稳定风险评估机制的发展方向[J]. 上海大学学报(社会科学版)，2014，31(06)：124－132.

[89] 周恒，李利，潘明强. 环境变迁对征地移民心理的影响及相关对策[J]. 人

民黄河，2005，27(04)：52－53.
[90] 徐国良.土地依恋视角下的被征地农民安置补偿认知评价研究[J].土地经济研究，2018(02)：26－40.
[91] 童星.公共政策的社会稳定风险评估[J].学习与探索，2010(09)：114－119.

Research Progress and Prospect of Evaluation on Social Stability Risk of Rural Land Consolidation in China

Lianhui Gao[1], Huiguang Chen[1,2], Dongyan Kong[1], Xingdian Yang[2]

(1. China Center for Land Policy Research, Nanjing Agricultural University, Nanjing 210095, China;
2. The Key Laboratory of the Coastal Zone Exploitation and Protection, Ministry of Natural Resources, Nanjing 210024, China)

Abstract: Land consolidation performs as an important support for rural revitalization. Its policy making and project implementation are closely related to the farmers' interests. Therefore, it is important to improve the system of evaluation on the social stability risk of land consolidation. For the purpose, the paper comprehensively reviewed the literature on rural land consolidation and its social stability risk evaluation with the bibliometric method and by CiteSpace visualization. Combining the bulk of domestic literature on the object, content, methods and results of domestic social stability risk evaluation on rural land consolidation, it found that the research of rural land consolidation took shape in the late 1990s in China, the same time when the economic and social development entered its fast growth stage. Driven by the disharmony between economic development and cultivated land resource protection, the focus of policy of rural land consolidation is placed on to resolving the disharmony. In comparison, the international literature focused on land consolidation in typical areas through the analysis of key words on land consolidation, and focused on evaluation combined with ecology. However, in China the evaluation of social stability risk of rural land consolidation was mainly aimed at typical land consolidation projects in central and eastern provinces of China. By applying qualitative and quantitative analysis, researches had investigated the economic, social, environmental and institutional risk of rural land consolidation by single factor or multi factor from different perspectives. In general, the results of the evaluation of rural land consolidation social risk are affected by the data sources, evaluation methods for evaluation research, and the degree of public participation in the project construction process, but the change of the psychological factors of villagers in the project area were too important to ignore. The cognitive and psychological endurance of the villagers in the project area also had an important impact on the evaluation results. The further researches on the social stability risk evaluation of rural land consolidation should firstly deepen understanding of the connotation of its concept, promote the development of the market of the third-parties and then particularly place an emphasis on the thorough investigation of economics, ecological environment, population's will and psychological factors of the whole project area. Finally, on the basis of the actual situation of the project area, we conduct the evaluation for the formulation, implementation and effect of social risk of rural land consolidation with the appropriate indicators and methods. More attention should be paid to situation-based Machine Learning, and intelligent simulation on the evaluation on social stability risk in rural land consolidation.

Key words: land consolidation; social stability risk; risk evaluation; bibliometrics; CiteSpace visualization

集体经营性建设用地入市市场研究进展综述

谢泽林

(南京师范大学地理科学学院,江苏　南京 210023)

摘　要　农村集体经营性建设用地入市是近年来学术界讨论的热点之一。本文从土地产权和土地市场、土地收益分配、法律制度、市场主体行为、入市试点等方面对相关研究成果进行综述,归纳总结了研究热点和不足,并对未来研究方向进行了展望,以期为进一步的研究和改革实践提供可能的参考。

关键词　集体经营性建设用地入市;土地产权;土地市场;土地收益分配

在我国城乡二元土地制度下,农村集体建设用地被限制直接入市,由此产生巨大规模的沉睡土地资源。根据国家住建部公布的数据,2017 年全国城市建成区面积为 5.62 万 km^2,而我国农村集体建设用地总量约 16.50 万 km^2[1],达到了城市建成区面积的近 3 倍。如何把存量集体建设用地合理利用起来,是当前需要解决的重要问题。在 2013 年召开的中共十八届三中全会上,中央提出建立城乡统一的建设用地市场,允许农村集体经营性建设用地与国有土地同等入市、同权同价,2014 年年底又出台了《关于农村土地征收、集体经营性建设用地入市、宅基地制度改革试点工作的意见》,提出要完善农村集体经营性建设用地产权制度,赋予农村集体经营性建设用地出让、租赁、入股权能,由此拉开了新一轮农村土地制度改革的大幕。2019 年 8 月 26 日,十三届全国人大常委会第十二次会议审议通过《中华人民共和国土地管理法(修正案)》,破除了农村集体建设用地进入市场的法律障碍。由此可以预见,集体经营性建设用地入市将成为激活农村土地资源、缓解城镇建设用地不足、助力乡村振兴的有效途径。

自 20 世纪 90 年代开始,围绕集体经营性建设用地入市改革,许多学者从不

收稿日期:2019 - 8 - 30

基金项目:江苏省高校优势学科建设工程资助项目(164320H101)

作者简介:谢泽林(1977—　),男,湖南湘潭人,博士,讲师。研究方向:土地利用与规划。E-Mail:xiezelin@163.com。

同的理论视角进行了探索和研究，并对改革实践中出现的不同模式进行评析和对比，形成了丰富的研究成果。本文将从土地产权和土地市场、土地收益分配、法律制度、市场主体行为、入市试点等方面对相关研究成果进行综述，以期为进一步的研究和改革实践提供可能的参考。

一、土地产权和土地市场研究

（一）国内研究进展

中国的城乡二元土地制度和土地权利体系世界独有，因此，学者们普遍从土地产权入手，研究农村集体经营性建设用地入市问题。有的从新制度经济学视角，基于现代产权理论与交易费用理论进行论证，有的从马克思的土地产权和地租地价理论对我国农村土地市场进行分析。国内研究集体土地产权问题最早是从 20 世纪 90 年代开始，黄贤金认为所有权、使用权是产权的基本权能，可以单独进入市场，而占有、处分和收益权是两者衍生的；由于片面追求土地国有化而对集体土地存在严重产权歧视，集体土地所有权产权权能残缺，必须明晰产权主体，强化地权职能；他提出建立规范化，完整的，涵盖土地所有权、使用权等权能的城乡土地大市场，而不是孤立的城镇国有土地使用权市场[2-3]。张五常从产权经济学理论出发认为限制土地自由交易权会导致社会福利的净损失[4]。谭术魁、彭补拙认为农村集体建设用地直接入市的支撑体系包括：出台全国适用的法律法规，加快农村土地产权建设，制定规范的土地流转方案，构建科学的土地收益分配模式等[5]。黄贤金、濮励杰提出根据区域土地用途管制的目的和规则，分别确定不同土地用途类型区土地的权能结构，实施土地产权时效条款，设立可转移的发展权和许可证制度；完善区域土地用途管制制度运行的经济约束机制，将土地占用的外部性成本纳入地价体系等[6]。周其仁针对《广东省集体建设用地使用权流转管理办法》的出台，认为“农地直接入市在我国合法地登堂入室，意义重大”，其重大意义在于“合法的产权转让可以大幅度地降低交易费用”。[7]高圣平、刘守英认为农村集体建设用地市场必须在政策和法律上寻求根本突破，改变土地制度的二元性，实现集体土地与国有土地的“同地、同价、同权”[8]。Songqing Jin 认为中国政府应赋予农村土地完整的财产权利，允许农村土地进入市场交易[9]。叶剑平认为私有产权的最大问题是产权转移过程中个体谈判的复杂性，对于处于转型期的我国整体社会效率的提升十分不利，因此应注重现有产权体系的完善,而不是变更产权主体,同时土地发展权的补偿应该由政府、市场和农民三方主体进行分配[10]。任辉、吴群对成都市农村土地股份合作制改革进行了制度经济学解析,认为改革明晰了集体土地产权主体,健全了基层组织治理机制[11]。方斌认为建立、健全以农村集体经济组织为单元的农村土地合作社体系,才是提升农村经济发展水平、缩小城乡差距的最有效路径[12]。文贯中认为,现有的农村集体土地产权强度不够,在农用地转用中,农民权益受到人为侵害,农民未能充分分享城市化带来的红利[13]。郑和平、段龙龙从土地使用权权能和土地处分权权能弱化两个方面分析了我国农村土地产权权能问题,前者体现在农民土地使用权受到严格限制且屡被侵犯,后者则多是在法律层面受到约束[14]。李杰和段龙龙指出了城乡建设用地同权同价的现实制约在于城乡土地的二元产权结构、集体建设用地的权能残缺以及城乡土地在处分权行使上的差异[15]。梁燕认为市场本质不在于价格,而在于明晰的产权,这一点是集体经营性建设用地入市的前提[16]。黄贤金认为十八届三中全会所确定的土地制度改革设计实现了土地产权从模糊产权到明晰产权、从歧视产权到平等产权、从物的产权到收益产权的理念转变[17]。刘敏基于马克思的土地产权理论对我国农村集体土地产权制度进行分析,指出土地所有权主体缺位和土地使用权权能弱化是主要问题[18]。周其仁认为,"要让市场在资源配置方面发挥决定性作用,非要在确权方面完成一场奠基性的战役"[19]。钱忠好、冀县卿利用江苏、广西、湖北和黑龙江 4 省(区)的调查数据评估现行农地流转政策的执行效果,提出适时改革农地集体所有制、明晰农地产权,农地流转既要坚持自愿原则,又要积极发挥政府的引导和管理作用等建议[20]。黄金升、陈利根认为当前的中国土地产权制度与土地管制制度是一个非市场导向的次优制度安排,制度均衡呈非稳态特征,改革应以土地市场化为导向,考虑土地制度的整体性特征,并有相应的顶层设计支撑[21]。靳相木对国有土地和集体土地同权同价的内涵进行了辨析,认为"同权"只能指集体与国有建设用地使用权在法律性质、物权种类和物权基本规格的同一;"同价"在于集体与国有土地遵循同样的价格形成机制,而不是成交价相同或相近[22]。张婷、张安录基于广东省南海区的问卷调研,分析了资产专用性、交易的不确定性和交易频率对农村集体建设用地交易费用的影响,结果表明三个分析维度对交易费用的影响不尽一致,应根据其影响的差异性来制定相关政策,以达到降低市场交易费用的目的[23]。朱道林提出要基于产权清晰原则合理界定集体土地产权主体,建议按照"弱化土地所有权,强化土地使用权"的方向确定改革思路[24]。

（二）国外研究进展

在城乡二元体制下，农村集体经营性建设用地成为我国土地管理中独有的问题，因此国外学者较少探讨，但国外对土地产权、土地市场等方面的相关研究可为我国集体经营性建设用地入市提供借鉴。土地产权方面，Scott Rozelle 根据对全国典型数据的分析，指出了中国土地权利的异质性[25]。Erik 认为不安全的土地产权制度使得生产投入减少，制约了农地资源的优化配置[26]。Evelyn Chia 认为，国家不应直接对农村土地进行分配，市场化交易才是公平有效的方法，农村土地产权制度是中国发展过程中需要解决的一个关键性问题[27]。Adamopoulos 研究表明土地所有权高度集中不利于土地流转[28]。Zou 从行政监管的角度指出，应在制度层面建立集体土地产权市场秩序[29]。Alain 基于马里首都的研究，从供需分析和市场交互两方面展开分析，认为土地产权不清晰造成土地利用效率低下[30]。土地市场方面，Macmillan 等主张通过政府适时干预市场来弥补完全竞争市场缺陷[31]。Loren Brandt 等指出，土地承包期延长有利于土地承包者投资和改良土地，以在承包期内获得更多收益[32]。Kung K S 发现农村土地流转主要受到非农就业发展和农业劳动力转移的影响[33]。Basu A K 发现大部分中国农民倾向于通过租赁的方式获得土地使用权，而不是购买土地所有权[34]。Brandt 认为中国在土地流转制度政策和配套的信贷支持方面欠缺，导致农用地市场机制不健全[35]。Klaus 认为市场机制相对行政机制能更有效地提升土地利用效率[36]。Peter Ho 指出中国土地制度和法律有意将集体土地产权主体模糊化，作为制度润滑，短期内有效，而长期将导致集体土地所有权主体虚位[37]。Vachadze 认为随着农业技术变革，土地市场自由化程度提高，并不一定会带来发达国家与发展中国家“双赢”[38]。

二、土地收益分配研究

（一）国内研究进展

土地收益分配是集体经营性建设用地入市的关键问题，也是近年来学者们讨论的热点。多数学者从马克思主义公平分配理论出发，认为入市收益应主要归集体所有。李廷荣认为地方政府不应参与土地增值收益分配，因为其既不是土地所有者，也不是土地使用者[39]；张志强认为入市的收益分配比例主要都是地方政府自己制定的，各地都不统一，收益分配也缺乏理论依据，随意性较大，为今后依法解决收益分配过程中出现的纠纷留下了隐患[40]；王小映将增值收益分为农用地转为建设用地成本、成长性增值、公共投资增值和规划引起的稀缺性增值，认为农村集体建设用地的初次增值归公，同时要规范农村集体内部分配管理[41]；刘敏认为应按照“初次分配基于产权，再次分配政府参与”原则，集体经济组织参与初次分配，地方政府和土地使用者参与二次分配[18]；林瑞瑞，孙阿凡、杨遂全分析了政府、集体经济组织和开发商的博弈行为特征，提出土地增值收益一部分归集体所有，一部分归社会共同所有，并建立农民长期分享增值收益的机制[42-43]。朱道林认为现实中的土地增值收益分配并非一方独占，在土地开发的不同环节均有分享，只是分享比例存在较大差异，缺乏再分配的手段，应遵循产权机制，建立和完善财产税制度体系[44]。

在分配方案上，黄祖辉、汪晖提出通过配置土地发展权来确定土地收益分配[45]，汤志林，刘梓样等就土地发展权进行了探讨[46-47]，殷少美等提出根据权益大小来分配[48]。王文、洪亚敏等认为政府的基本职责在于制定规则并监督执行，流转收益的形成和分配应尽量采取市场方式[49]。从各地实践看，其收益分配比例也有较大差异。如安徽省、无锡市、昆明市规定政府分配比例是10%，苏州市政府是按照工业用地最低保护价的30%收取，临沂市是按单位面积的费用收取，烟台市规定按市、县(市)、乡(镇)、村1∶2∶5∶2的比例分配[50]。杨岩枫在分析北京市集体经营性建设用地时空变化和自发流转收益空间分异特征的基础上，通过研究集体经营性建设用地的空间分布和产权类型，建立了集体经营性建设用地不同利用和经营模式下的收益分配机制[51]。谢保鹏、朱道林等定量测算了征收和集体经营性建设用地入市模式不同主体获得的土地增值收益差异，结果表明入市模式下农民集体获取的土地增值收益高于政府，有效增加了农民收益[52]。罗明等提出借鉴国际经验，逐步将土地使用税、土地增值税、城市维护建设税等税种覆盖至农村集体经营性建设用地入市中，丰富政府分享土地增值收益的方式，应鼓励所有权人以贡献公益用地的形式对公共利益作贡献[53]。

(二) 国外研究进展

亨利·乔治(Henry George)的土地增值收益理论在国外研究中被广泛利用[54-57]。该理论认为土地价值增长源于社区的人口聚集和生产需求，而非个人原因，应由社区获得收益[58]。该研究成果为探索土地流转收益分配提供了理论基础。对土地增值收益归属，学者意见存在分歧，主要有谁投资谁获益、增值归农民、增值收益共享联盟等看法。Arrow 站在福利的角度，发现如果不考虑土地流转后果，可能会导致错误的决策，进而影响社会经济发展[59]。Mills 认为农地流转的市场价值包含了最初的价值以及发展权价值[60]。Deininger 指出政府能有效保障土地收益分配平衡，从而保障国家经济发展[61]。Terry 基于中东欧土地问题研究，发现社会经济环境和土地收益等影响农户参与土地流转的热情[62]。Richard F.Dye 认为城市拆迁补偿中，既然房屋归土地使用者所有，其依附的土地价值也应该归他[63]。

三、法律制度、市场主体行为及入市试点研究

（一）法律制度研究

法律制度对入市的制约已成为学术界的共识，与集体经营性建设用地入市直接相关的法律主要是《中华人民共和国土地管理法》和《中华人民共和国物权法》。李淑妍在理论分析、计量检验及国际考察的基础上，提出应制定土地流转专项法规，完善现有与土地流转相关的法规，以促进土地流转，推进农民工市民化[64]。阮兴文提出要坚持同权同价、平等入市原则，建立入市的法律制度，依法出让、转让、租赁、入股、抵押[65]。孔祥智、马庆超，温世扬等认为土地管理法规定"农村土地归农民集体所有"，但缺乏对集体土地产权主体和实际执行主体的清晰界定，由此导致权利主体在实际中虚置[66-67]。梁燕认为要将集体经营性建设用地使用权确定为用益物权，同时总结各地集体建设用地流转试点经验，制定全国统一的入市流转条例[16]。陆剑在湖北 72 村进行了实证分析，提出入市亟待立法回应，并建立土地确权登记颁证制度[68]。

（二）市场主体行为研究

国内学者们对农户、企业、村集体、地方政府等市场主体在入市过程中的行为特征作了大量研究。绝大多数是研究农户土地流转，流转对象主要为农用地和宅基地，但集体经营性建设用地与农用地、宅基地在产权主体及行为特征上有很多类似，因此相关研究也具有较强的可参考性。黄贤金等认为政府行为在一定时期对农用地市场发育有促进作用，但随着市场逐步成熟，政府应退出具体的市场运作[69]。钱文荣指出，随着农户收入水平提高，土地流转意愿增强，但达到一定程度后会下降[70]。吴毅认为只要是小土地经营，在土地利用中就无法绕过政府[71]。潘锦云、汪时珍认为农地流转效率低一方面源于农户的"乡土"情结，

另一方面也有政府引导不够的因素[72]。裴厦等认为政府不能过度干预，只要适度引导和监督农户的行为[73]。关江华、黄朝禧指出村集体充当农户代理人角色，对其流转行为加以引导和调控，为农户提供市场信息，促进了土地流转实施[74]。李勇等认为村集体作为流转代理人，出于利己动机有损害委托人利益的行为[75]。黄克龙、朱新帅等基于 Logit 模型对集体经营性建设用地租赁入市意愿的影响因素进行回归分析，结果表明不同利益主体的影响因素各有偏重，教育水平、年龄、社会福利情况、职业、土地租赁政策了解程度、对租赁用途的了解以及村集体租金分配是否公开等因素对村集体租出意愿产生显著影响；支付租金方式、政府参与行为、企业规模以及土地区位等因素对用地企业租入意愿产生显著影响[76]。

近年来，一些学者运用博弈理论，建立博弈模型，对市场利益相关方行为进行分析。邹秀清等从中央政府监察、地方政府违规征地、农户反抗等行为角度，建立博弈模型，分析了中央政府、地方政府和农户在征地中的三方博弈行为[77]。曾桢和朱玉婷分析了基层组织和农户间的土地征收款分配问题[78]。邱雪萍、陈洪昭基于各主体的行为动机，分析了地方政府和农户、企业和农户之间的动态博弈。结果表明集体土地流转市场中地方政府处于优势地位，常以公共利益为名低价征收农户土地；企业通过牺牲农户的利益实现自身利益的最大化；农户维护自身权益的能力有限，在博弈中处于被动地位。[79]

（三）入市试点研究

在 2015 年集体经营性建设用地入市试点启动前，我国长三角、珠三角等一些经济发达、农村集体建设用地市场需求旺盛的地区早在 20 世纪 90 年代中期就开始对集体建设用地流转进行探索和尝试。张鹏在总结安徽芜湖、浙江湖州、江苏苏州、广东南海试点工作基础上，研究了集体建设用地流转的机制与绩效[80]。卢炳克基于芜湖和南海的比较分析，认为两者最大的不同是政府代替市场或市场代替政府的程度不同，在农村集体建设用地流转中必须协调好政府和市场的关系，保障农民权益[81]。陆剑基于湖北省典型村镇的调研，分析了集体建设用地流转中的土地增值收益分配问题[82]。高珊、吕美晔等以江苏省为例，指出了我国农村集体经营性建设用地入市面临的困境，提出了政策建议[83]。

2015 年以来，随着集体经营性建设用地入市试点的推进，学者们围绕试点地区的实践经验、存在问题及对策建议等进行了系统总结和比较分析。何虹、邱芳荣、大兴区农村土地制度改革试点调研组、叶红玲，于淼、张瑜、董秀茹等分别总结了江苏武进、浙江德清、北京大兴、广东南海、广西北流、上海松江、东北三省等地集体经营性建设用地入市的实践经验，针对存在的问题提出了对策建议[84-90]。周婧扬提出了实现国有与集体经营性建设用地“同地同价”的前提条件：国有与集体经营性建设用地权能平等；管理和流转制度及环境相近或一致；合理的收益分配机制和制度；城乡统一建设用地市场形成[91]。陈阳分析了集体经营性建设用地入市土地增值核算的理论逻辑，构建了入市土地增值核算模型和核算技术方法体系，并以德清县为例进行了应用和检验[92]。岳永兵等总结了农村土地制度改革试点中土地增值收益在国家与集体之间，以及集体内部分配的实践及启示，从完善入市税费项目、明确增值收益调节金及税费缴纳基数、确定收益分配比例等方面提出了建议[93]。

四、研究进展评述与展望

基于上述集体经营性建设用地入市市场研究相关文献综述，对相关研究内容、研究视角和方法进行简要评述，并对未来研究方向进行展望。

（一）研究进展评述

以往研究成果主要涉及土地产权、收益分配、法律制度、市场主体行为等，在实证分析方面主要集中于传统的隐性流转模式。2014 年以来，中央逐步明确了集体经营性建设用地入市的一系列政策，开展了相关试点，因此近年来研究热点逐步转向合法途径下的集体经营性建设用地入市研究，包括入市主体和范围、入市路径、入市收益分配、试点问题及对策建议等。

在研究视角上，一是运用产权经济学理论，从土地权能入手，分析土地产权的特点及其对土地市场的影响；二是运用马克思公平分配理论或基于土地发展权视角，研究土地增值收益分配问题；三是运用博弈论或基于问卷调查的计量分析，研究市场主体行为及其对市场运行的影响；四是从制度供给的角度，分析现行农村土地制度的缺陷及其改革思路。在研究方法上，学者们主要从法学、经济学、管理学角度，运用土地产权理论、地租地价理论、交易成本理论等进行理论阐述，并应用计量经济模型进行实证分析，以期发现普遍性、规律性的认识，也有一些学者运用博弈论研究工具分析市场主体行为。在我国城乡二元土地制度下，以往研究更多的是将农村集体建设用地市场作为一个独立的市场，单独进行研究，而城乡土地市场是相互作用、相互影响的，要探索建立城乡统一的建设用地市场,需要将城乡土地市场作为一个整体开展研究。

(二) 研究展望

笔者认为,随着新土地管理法的正式实施,集体经营性建设用地入市试点的广度和深度将进一步拓展,相关研究也将日趋活跃,有以下几方面的问题值得进一步研究探索:

一是随着集体经营性建设用地入市市场规模的迅速扩大,需要基于市场交易数据,运用3S和大数据技术,探索研究智能化、便捷化、高效化的城乡统一建设用地市场监测和地价评估技术。

二是随着试点范围的不断扩大,入市中面临的问题也将更加多样化和复杂化,需要结合地方实际,深入分析不同地区的市场特征、价格形成机制,研究差别化的市场调控政策,实现因城施策、精准调控。

三是我国存在国有土地和集体土地两种公有土地产权,由于法律对集体土地的产权主体、权能等界定不清,所以各地在实践中形成不同的集体土地产权特征,有的类似公有产权,有的类似准公有产权,有的类似准私有产权。西方经济学理论主要针对私有产权,针对我国土地公有产权和准公有、准私有产权共存的情况,其产权理论是否可借鉴,是否能有新的发展,值得深入探索研究。

四是土地市场本质是土地权益的再分配,有必要从土地权益入手,结合不同地区、不同入市模式的市场对比分析,研究集体经营性建设用地入市中市场各方的土地权益关系,特别是交易的合约形式、权责关系等对市场的影响,以期进一步探索城乡建设用地同权同价的实现条件、路径等。

参考文献:

[1] 蔡继明,王成伟. 市场在土地资源配置中同样要起决定性作用[J]. 城市,2014,193:658.

[2] 黄贤金.地权理论探析[J].南京农业大学学报,1996(01):85-88.

[3] 黄贤金.论地权歧视[J].农业经济问题,1996(07):16-20.

[4] 张五常.经济学解释[M].北京:商务印书馆,2004.

[5] 谭术魁,彭补拙.农村集体建设用地直接流转的支撑体系研究[J].财经研究,2002(10):69-74.

[6] 黄贤金,王静,濮励杰.区域土地用途管制的不同方式[J].南京大学学报(自然科学版),2003,39(3):411-422.

[7] 周其仁.同地、同价、同权——我对广东省农地直接入市的个人看法[J].中国经济周刊，2005(33):20-20.

[8] 高圣平，刘守英.集体建设用地进入市场：现实与法律困境[J].管理世界，2007(03):62-72+88.

[9] JIN S, DEININGER K. Land rental markets in the process of rural structural transformation: Productivity and equity impacts from China[J].Journal of Comparative Economics,2009,37(4):629-646.

[10] 叶剑平，宋家宁.基于产权视角的中国土地问题探析[J].人民论坛，2011(8):25-26.

[11] 任辉，吴群.外部利润、产权界定与土地资源优化配置——成都市农村土地股份合作制改革的制度经济学解析[J].地域研究与开发，2012，31(3):155-158.

[12] 方斌，陈健，蒋伯良.农村土地股份合作制发展模式及路径分析[J].上海国土资源，2012(4):7-11.

[13] 文贯中.中国的农本社会：告别抑或挽留？[J].人民论坛·学术前沿，2012(10):6-17.

[14] 郑和平，段龙龙.中国农村土地产权权能弱化论析[J].四川大学学报(哲学社会科学版),2013(06):108-115.

[15] 李杰，段龙龙.城乡建设用地同权同价改革困境及实现路径论析[J].海派经济学，2014,12(03):76-87.

[16] 梁燕.农村集体经营性建设用地入市路径选择[J].农业科学研究，2014,35(03):62-66.

[17] 黄贤金.还权能于农民 归配置于市场——论中共十八届三中全会土地制度改革设计[J].土地经济研究，2014(01):1-9.

[18] 刘敏.马克思土地产权理论与我国农地制度改革研究[D].武汉：华中师范大学,2015.

[19] 周其仁.周其仁：土地确权需要一场奠基性的战役[J].中国房地产业，2015(3):62-65.

[20] 钱忠好，冀县卿.中国农地流转现状及其政策改进——基于江苏、广西、湖北、黑龙江四省(区)调查数据的分析[J].管理世界，2016(2):71-81.

[21] 黄金升，陈利根.土地产权制度与管制制度的制度均衡分析[J].南京农业大

学学报(社会科学版)，2016(1):82－91.

[22] 靳相木.集体与国有土地“同权同价”的科学内涵及其实现[J].农业经济问题，2017，38(09)：12－18.

[23] 张婷,张安录,邓松林,等.交易费用三维度属性作用机理及交易方式选择意愿—佛山市南海区集体建设用地市场实证分析[J].中国人口·资源与环境，2017，27(07):89－100.

[24] 朱道林.农村土地制度改革须以土地资源本质属性为基础[J].中国土地，2018(11):13－15.

[25] ROZELLE S，LI G. Village leaders and land-rights formation in China [J]. American Economic Review,1998,88(2):433－438.

[26] LICHTENBERG E，DING C. Farmland preservation in China：Status and issues for further research[J].Land Lines，2004,16(3):9－11.

[27] CHIA E，HO P. Institutions in transition：Land ownership，property rights and social conflict in China [J]. The China Journal，2006，20 (55):157.

[28] ADAMOPOULOS T. Land inequality and the transition to modern growth[J]. Review of Economic Dynamics,2008,11(2):257－282.

[29] ZOU X Q. Brief analysis on institution of rural collective construction land transfer[J].Asian Agricultural Research,2012(8):23－25.

[30] LASSERVE A D,SELOD H，LASSERVE M D. Land markets and land delivery systems in rapidly expanding west African cities：The case of Bamako [R]. Development Research Group，Environment & Energy Team，2013.

[31] MACMILLAN D C. An economic case for land reform[J].Land Use Policy,2000，17(1)：49－57.

[32] BRANDT L，HUANG J，ROZELLE L S. Land rights in rural China：Facts，fictions and issues[J].The China Journal,2002(47):67－97.

[33] KUNG K S. Off-farm labor markets and the emergence of land rental markets in rural China[J].Journal of Comparative Economics，2002，30(2):395－414.

[34] BASU A K. Oligopsonistic landlords，segmented labor markets，and the

persistence of tied-labor contracts[J].American Journal of Agricultural Economics,2002,84(2):438-453.

[35] BRANDT L, ROZELLE S, TURNER M A. Local government behavior and property right formation in rural China[J].Journal of Institutional & Theoretical Economics JITE,2004,160(4):627-662.

[36] DEININGER K, JIN S. Tenure security and land-related investment: Evidence from Ethiopia [J]. European Economic Review, 2006, 50 (5): 1245-1277.

[37] 何·皮特.谁是中国土地的拥有者——制度变迁、产权与社会冲突[M].林韵然,译.北京:社会科学文献出版社,2008:33-34.

[38] VACHADZE G. Capital accumulation with and without land market liberalization: Beyond the "win-win" situation [J]. Agricultural & Food Economics, 2013,1(1):1-16.

[39] 李廷荣.集体建设用地流转要分清主客体[J].中国土地,2006,(2):14-15.

[40] 张志强.农村集体建设用地"入市"研究[D].北京:中共中央党校,2010.

[41] 王小映.论农村集体经营性建设用地入市流转收益的分配[J].农村经济,2014(10):3-7.

[42] 林瑞瑞.土地增值收益分配问题研究[D].北京:中国农业大学,2015.

[43] 孙阿凡,杨遂全.集体经营性建设用地入市与地方政府和村集体的博弈[J].华南农业大学学报(社会科学版),2016,15(01):20-27.

[44] 朱道林.我国土地增值及其分配关系的现实特征和制度障碍[J].学海,2017(03):46-55.

[45] 黄祖辉,汪哮.非公共利益性质的征地行为与土地发展权补偿[J].经济研究,2002(5):66-71.

[46] 汤志林.我国农地征用监管制度的困境与优化——基于农地发展权视角[J].农村经济,2006(10):68-69.

[47] 刘梓样.城市化、农地征用与失地农民利益补偿[J].城市发展研究,2006(1):88-92.

[48] 殷少美,李纪军,周寅康.集体非农建设用地流转研究评述[J].农村经济,2005(9): 36-40.

[49] 王文,洪亚敏,彭文英.集体建设用地使用权流转收益形成及其分配研究

[J].中国土地科学,2009,23(07):20－23,65.

[50] 汪燈.集体建设用地使用权流转收益分配研究[J].法制与社会,2011(11):96－98,118.

[51] 杨岩枫.政府规制视角下的集体经营性建设用地土地市场研究[D].北京:中国地质大学(北京),2017.

[52] 谢保鹏,朱道林,陈英,等.土地增值收益分配对比研究:征收与集体经营性建设用地入市[J].北京师范大学学报(自然科学版),2018,54(03):334－339.

[53] 罗明,张欣杰,杨红.土地增值收益分配国际经验及借鉴[J].中国土地,2018(02):51－52.

[54] HOYT W H. Competitive jurisdictions, congestion, and the Henry George Theorem: When should property be taxed instead of land? [J]. Regional Science & Urban Economics,1991,21(3):351－370.

[55] KURODA T. The Henry George Theorem, capitalization hypothesis, and interregional equalization: A synthesis[J]. Papers in Regional Science, 2010,73(1):41－53.

[56] TRESCOTT P B. Henry George, Sun Yat-sen and China: More than land policy was involved[J]. American Journal of Economics & Sociology, 1994,53(3):363－375.

[57] ALBOUY D. Evaluating the efficiency and equity of federal fiscal equalization[J]. Journal of Public Economics,2012,96 (9－10):824－839.

[58] 田莉.从国际经验看城市土地增值收益管理[J].国外城市规划,2004,19(6):8－13.

[59] ARROW K J. Social Choice and individual Values[M]. Cambridgs, Massachusetts: Yale University Press,1963.

[60] MILLS D E. Transferable Development Rights Markets[J]. Joximal of Urban Economics,1980,7(1):63－74.

[61] DEINIGER K. Land Policies for Growth and Poverty Reduction: The International Bank for Reconstruction and Development[M]. World Bank Publictions,2003.

[62] TERRY V D. Scenarios of central European land fragmentation[J]. Land

Use Policy,2003(20):149－158.

[63] DYE R F, Mcmillen D P. Teardowns and land values in the Chicago metropolitan area[J]. General Information,2007,61(1):45－63.

[64] 李淑妍.农民工市民化视角下的农村土地流转问题研究[D].沈阳:辽宁大学,2013.

[65] 阮兴文.构建城乡统一建设用地市场法律制度[J].社科纵横,2014,29(08):90－92.

[66] 孔祥智,马庆超.农村集体经营性建设用地改革:内涵、存在问题与对策建议[J].农村金融研究,2014(09):11－14.

[67] 温世扬.集体经营性建设用地"同等入市"的法制革新[J].中国法学,2015(04):66－83.

[68] 陆剑.集体经营性建设用地入市的实证解析与立法回应[J].法商研究,2015,32(03):16－25.

[69] 方鹏,黄贤金,陈志刚,等.区域农村土地市场发育的农户行为响应与农业土地利用变化——以江苏省苏州市、南京市、扬州市村庄及农户调查为例[J].自然资源学报,2003(03):319－325.

[70] 钱文荣.农地市场化流转中的政府功能探析——基于浙江省海宁、奉化两市农户行为的实证研究[J].浙江大学学报(人文社会科学版),2003(05):155－161.

[71] 吴毅.农地征用中基层政府的角色[J].读书,2004(07):144－150.

[72] 潘锦云,汪时珍.制约农地流转效率提升的因素研究——基于安徽省两镇农地流转的典型调查分析[J].河南社会科学,2011,19(01):143－146,219.

[73] 裴厦,谢高地,章予舒.农地流转中的农民意愿和政府角色——以重庆市江北区统筹城乡改革和发展试验区为例[J].中国人口·资源与环境,2011,21(06):55－60.

[74] 关江华,黄朝禧.农村宅基地流转利益主体博弈研究[J].华中农业大学学报(社会科学版),2013(03):30－35.

[75] 李勇,杨卫忠.农村土地流转制度创新参与主体行为研究[J].农业经济问题,2014,35(02):75－80,111－112.

[76] 黄克龙,朱新帅,等.集体经营性建设用地租赁入市意愿的影响因素研究——以江苏省宜兴市为例[J].农林经济管理学报,2018,17(4):463－469.

[77] 邹秀清,钟骁勇,肖泽干,等.征地冲突中地方政府、中央政府和农户行为的动态博弈分析[J].中国土地科学,2012,26(10):54-60.

[78] 曾桢,朱玉婷.基于进化博弈的农村土地征收问题分析[J].贵州社会科学,2013(06):128-131.

[79] 邱雪萍,陈洪昭.集体土地流转中相关主体行为的博弈分析[J].沈阳农业大学学报(社会科学版),2013,15(04):390-393.

[80] 张鹏.农村集体建设用地流转机制与绩效研究[D].杭州:浙江大学,2007.

[81] 卢炳克,潘莹,刘瑶.农村集体建设用地流转模式的比较分析——以芜湖和南海为例[J].法制与社会,2012(12):221-222.

[82] 陆剑.集体经营性建设用地入市的实证解析与立法回应[J].法商研究,2015,32(03):16-25.

[83] 高珊,吕美晔,金高峰.农村集体经营性建设用地流转市场困境及启示——以江苏省调查为例[J].农业经济,2016(1):84-86.

[84] 何虹,叶琳.集体经营性建设用地入市改革的实践与思考——以江苏省常州市武进区的实践探索为例[J].中国土地,2018(01):43-45.

[85] 邱芳荣,赵旭.同权同价 流转顺畅 收益共享——记德清县农村集体经营性建设用地入市试点工作[J].浙江国土资源,2018(1):55-56.

[86] 大兴区农村土地制度改革试点调研组.农村集体经营性建设用地入市改革的"大兴方案"[J].中国土地,2019(1):9-15.

[87] 叶红玲.探索集体经营性建设用地入市新模式——广东南海农村土地制度改革试点观察[J].中国土地,2018,390(7):6-11.

[88] 于森,吕萍.农村集体经营性建设用地入市的实践探索——以广西北流市为例[J].南方国土资源,2019,194(1):24-27.

[89] 张瑜.松江区农村集体经营性建设用地入市模式探讨[D].上海:华东理工大学,2018.

[90] 董秀茹,薄乐,姚迪.农村集体经营性建设用地现状及入市问题研究——基于东北三省部分地区调查[J].中国农业资源与区划,2016,37(12):22-27.

[91] 周婧扬.同地、同权、同价的实现条件及路径研究[D].杭州:浙江大学,2017.

[92] 陈阳.集体经营性建设用地入市土地增值核算原理及技术方法研究[D].杭州:浙江大学,2018.

[93] 岳永兵,刘向敏.集体经营性建设用地入市增值收益分配探讨——以农村土地制度改革试点为例[J].当代经济管理,2018,40(03):41-45.

A Literature Review of the Research Progress of Collective Commercial Construction Land Entering Market

Zelin Xie

(School of Geographic Sciences, Nanjing Normal University, Nanjing 210023, China)

Abstract: To build rural land collective commercial construction market has been one of the hottest topics among academic circles in the recent years. For further research and policy reference, this article summarizes relevant research findings from the aspects of land property rights and land market, land interest distribution, legal system, market behavior, and pilot projects etc. by addressing the research hotspots, deficiencies, and future research agenda.

Key words: collective commercial construction land market; land property right; land market; land interest distribution

2018年土地经济学研究进展综述

袁 苑 黄贤金

(南京大学地理与海洋科学学院,江苏 南京 210023)

摘 要 为了掌握2018年国内外土地经济学领域的研究成果,以土地资产经济研究、土地资源经济研究以及土地经济制度与政策研究这三个方向为主脉,深入土地价格、土地市场、土地资源价值、土地利用、土地生态、土地产权、土地制度、土地政策等多个细分主题回顾了2018年土地经济学领域的研究重点内容与进展,并对新的形势和历史环境下土地经济学研究的研究趋势和应重点关注的问题进行展望,最后对我国土地经济学学科发展提出可行性建议,包括不断深化和创新土地经济学学科的中国理论研究、不断拓宽和增进土地经济学学科的国际视野、不断加强和改善土地经济学学科的发展环境,以期促进我国土地科学学科体系的不断完善与健康发展。

关键词 土地经济学;综述;展望;建议

土地经济学是土地学科体系的重要组成部分,其研究内容和成果为土地资源的利用与管理提供了关键性的理论与方法支撑。由于土地经济学受产业经济学、区域经济学、行为经济学、制度经济学等多个经济学科的影响,同时也和公共管理、地理学、生态学、城市规划等学科密切相关,其研究的深度和广度随着社会经济发展和土地资源所面临的新问题在不断拓展,因此,土地经济学的研究对象具有广泛性、交叉性和动态性。综合考虑2018年相关期刊的影响力及其与土地经济问题的相关性,主要选择《管理世界》、《中国人口·资源与环境》、《经济地理》、《生态经济》、《资源科学》、《地理学报》、《地理研究》、《地理科学进展》、《自然资源学报》、《中国土地科学》、《土地经济研究》、《中国农村经济》、《中国农村观

收稿日期:2019-6-30

基金项目:国家自然科学基金项目(41571162)

作者简介:袁苑(1994—),女,江苏镇江人,博士研究生,主要研究方向为土地经济与政策。

察》、《经济理论与经济管理》等 14 种期刊作为文章选取来源，共选取中文文献 78 篇。

一、2018 年国内土地经济学研究进展

（一）土地资产经济研究

1. 土地价格

2018 年关于土地价格的研究主要从基准地价的评估、农地流转的价格机制、地价的影响因素等方面展开，研究对象涉及城镇用地和农用地。

在城市地价的评估方面，相关研究提出了基于深度学习思想的城市基准地价评估方法，实际应用于基准地价的评估[1]；在农用地的基准地价研究中，学者从不同的角度为农用地的价值评估提供参考依据，如基于农用地的生态价值将农用地进行分级[2]，以及从农地转换视角出发将其与城市商业用地、商务办公用地、住宅用地、工业用地基准地价级别分别进行衔接，探索城乡建设用地价格衔接机制[3]。

在农地流转的价格机制研究方面，学者从微观和宏观尺度上均有探索。如研究利用农户样本数据从微观上探索了农地流转价格机制失效的原因，认为主要在于流转双方对农地资源价值评价维度的不一致[4]；另有研究从宏观上基于省域层面的土地流转价格数据对全国土地流转价格时空演化及宏观分化机制进行了分析[5]。

地价的影响因素研究方面，研究关注了中国 15 个大中城市房价水平的变化趋势，发现了房企行为与土地财政、房价上涨之间相互作用的逻辑关系[6]。地价影响因素研究以往一直是地价研究的重点领域之一，2018 年相关的研究数量较少。

2. 土地市场

完善农村集体建设用地市场发展制度、建立城乡统一的建设用地市场是我国土地制度改革长久以来的方向和目标。2018 年土地市场研究主要从农村集体建设用地市场化探索、土地供应结构与要素配置两个方面展开，其中广东省是主要的研究区域。

在农村集体建设用地市场研究中，学者从市场交易过程中政府和集体经济组织的关系、土地市场效率、市场化程度、供求平衡、租赁住房建设等方面，多视

角地探析了农村集体建设用地市场建立过程中存在的问题，提出的建议包括明晰集体建设用地市场交易中两主体收益分配关系[7]、提高集体经济组织的组织化水平[8]、发挥政府在构建有效的市场机制和增值收益分配机制中应有的作用[9]、严格控制农村人均建设用地标准[10]、在集体土地建租赁住房的过程中赋予地方制度和技术选择的自主权等[11]。

在土地供应结构与要素配置研究中，土地财政是学者重点考察的因素之一，如研究认为财政压力越大的地区，提高住宅用地供给比例对房价的抑制效果越弱，而基础设施和工业用地供给比例的增加则对房价的抬升效应越大[12]；另有研究则认为土地财政依赖度与城市一级土地市场化率之间存在倒U形关系[13]。不同用地类型的配置对城市经济的影响也吸引了不少的研究关注，研究主要强调了短期内纠正存量工业、住宅、商服三类建设用地资源错配[14]、优化公共用地投入[15]以及工业用地市场化对经济产出的促进作用[16]。此外，也有研究关注了土地拍卖市场，得出拍卖交易双方存在着显著的定价偏好差异，根源在于信息不对称和政府对土地的卖方垄断[17]。

(二) 土地资源经济研究

1. 土地资源价值

土地资源价值在一定程度上反映了土地利用与经济发展的协调关系。2018年土地资源价值相关研究主要集中在土地利用生态服务价值领域。包括从土地生态评估和保护的角度构建空间异质生态服务价值评估模型，分析中国2000—2015年土地利用及生态服务价值变化规律[18]；从土地资源开发利用和空间优化与管控的角度分析土地利用功能转型及带来的生态服务价值转变及其影响[19, 20]。也有研究聚焦休闲农地存在价值的评估，通过分析影响居民支付意愿的主要因素，为提高农户保护休闲农地的积极性提供科学依据[21]。

2. 土地生态经济

土地生态经济强调系统研究土地利用系统与社会经济、环境生态系统间的相互作用机制，从而更好地发挥土地的生态经济价值并实现生态环境可持续发展。2018年研究者从方法、理论、实践等层面均开展了相应了研究。研究应用三维足迹模型对土地自然资本进行核算，从不同区域以及不同用地类型对自然资本进行了系统分析，为提升足迹核算与分析方法的科学性和标准化提供了参考依据[22]；研究论述了土地生态经济学理论及其在国土空间用途管制中的应用，得出国土空间用途管制是土地生态经济系统有序运行的基础，而土地生态经济学是国土空间用途管制的理论支撑[23];研究通过评价长三角快速城市化地区生态系统健康,分析了影响生态系统健康时空演变的主导因子,并得出林地与水域对维持区域生态系统健康起到的决定性作用[24]。

3. 土地利用相关问题

2018年土地利用相关问题颇受研究者关注,无论是偏宏观尺度的土地利用效率、土地利用现状,还是偏微观尺度的土地利用方式,都有相当数量的研究成果。

土地利用效率研究上,城市土地和农村土地都有涉及。在城市层面,学者主要关注不同职能城市土地利用效率分异及驱动因素[25]、城市群土地利用效率的评价及其与经济产出的关系[26-28],工业用地的效率评价和特征依然是用地效率研究的主要方向之一[29, 30]。在农村土地上,研究探究了耕地利用的多功能分布及其与区域发展战略的关系[31];调查了集体林地的经营效率[32]。土地集约利用是反映土地利用效率的重要指标,学者对中国城市土地集约利用效率的空间格局[33],及其与城镇化发展的时空耦合[34]、土地供需平衡[35]进行了分析,同时从多尺度视角对高效教育用地集约利用进行了评价[36]。

土地利用现状研究上,学者主要针对耕地撂荒现象、低效土地利用、耕地利用、农村土地非农化以及海外耕地投资现象进行了分析。分别从县域尺度和宏观尺度对耕地撂荒现象进行了提取和模拟,揭示了耕地撂荒的空间格局[37, 38];通过对互联网地价数据的建模,对低效用地成因进行了分析[39];结合中国耕地资源管理实践,分析了1949年以来耕地利用隐性形态转型历程[40];利用农村土地非农化指数,对广州市农村土地非农化空间特征与机理进行了研究[41];海外耕地投资研究主要从总体状况[42]、中美投资对比[43]、中国投资选择的影响因素[44]展开。

土地利用方式研究上,学者大多采用社会调查的方法,从微观尺度揭示土地利用方式的相关问题,包括农户个体特征与种植多样性的关系[45]、近郊区农地投入行为的影响因素[46]、重金属污染耕地治理式休耕的农户满意度[47],以及土地流转及其影响因素[48-50]。

(三)土地经济制度与政策

1. 土地产权问题

2018年国内学者针对土地产权问题的研究主要围绕农地经营权流转展开,包括农地经营权流转的影响因素、空间特征和理论解释,为推进农村土地流转制度创新实践提供理论和实证依据。

学者多利用农户的调查数据,探究影响农村土地经营权流转的关键因素,包括风险感知、风险态度等农户认知与行为[51,52];同时,研究发现全国和分省(区市)层面影响农地流转的关键因素存在差异,具有明显的空间异质性,且不同的农地经营权流转方式体现出显著的空间依赖性[53];此外,基于能动的实用主义理论对村庄实施农地产权稳定性制度安排的差异进行了解释,得出村庄农地产权稳定性制度安排是集体理性决策过程和政治过程共同作用的结果[54]。

2. 土地制度问题

2018年是33个农村"三块地"改革试点期限延长后的一年,也是改革全面深化、协调整体推进的一年,更是总结试点经验并上升为法律的关键一年[55]。相应地,土地制度问题研究取得了丰富的成果,研究主要从制度分析和评估两个角度展开。

土地制度分析方面,一是从土地制度安排及其变迁的角度,分析其与城镇化[56]、经济结构转变[57]的内在联系;二是聚焦农村土地制度的改革与变迁,分析和总结其路径特征、经验启示与主要趋势[58-60],亦有研究重点分析了家庭承包经营制度[61]、耕地轮作休耕制度[62]的运行机制及其完善路径。

土地制度评估方面,研究涉及国土空间规划管制[63]、休耕制度试点阶段的经济补偿[64]、集体经营性建设用地市场化改革[65,66]、耕地保护制度[67]等方面,为完善我国土地制度从理论和实际层面提出了相关的应对策略。

3. 土地政策问题

土地政策作为土地制度的具体体现,一直以来是土地经济研究中的重点领域之一,对土地政策问题的研究也可以从政策分析和政策评估两个方面进行概括。

土地政策分析方面,土地流转政策是研究的重点之一。学者分析了农地流转的区域差异、影响因素[68,69]及其对转入规模、粮食单产、转出户非农就业的影响[70,71],也有研究从环境的角度发现土地流转政策能减少生物质燃烧量,并相应减少温室气体的排放[72];此外,研究对土地管理政策中的约束性指标管控执行不力进行了解释,通过数据检验得出地方政府间的土地引资竞争是导致政策执行偏差的更重要的因素[73];通过对中国耕地生态管护政策的文本量化分析,认为耕地生态管护政策应在增加数量的同时更加注重政策类别、等级、工具和影响领域的优化[74]。

土地政策评估方面，农村土地确权政策是重点研究领域之一，包括确权登记颁证政策的落实情况[88]、对农业规模经营发展[75,76]和农业长期投资[77]的影响评估；此外，通过农户调查评估了城乡建设用地增减挂钩政策实施农户满意度，得出补偿分配、就业培训、政策实施透明度、房屋面积核算工作是需要重点加强改善的方面[78]；研究从地方国土管理人员对耕地保护补偿政策的认知角度，对耕地保护补偿政策进行了评估，认为耕地保护补偿资金分配观念上的积极转变是提高补偿资金使用效率的重要措施之一[79]。

二、2018 年国外土地经济学研究进展

2018 年国际学者对土地经济学的研究同样涵盖土地资产经济研究、土地资源经济研究、土地经济制度与政策研究三个方面。综合考虑期刊影响因子、引用频次和学科领域，参考了包括 *Ecological Economics*、*The Economic Journal*、*Journal of Development Economics*、*Land Use Policy*、*Land Economics*、*Cities*、*Habitat International* 等在内的 7 种期刊的 78 篇文献。

（一）土地资产经济研究

1. 土地价格

2018 年国际学者对土地价格的研究主要集中在地价或房价的决定因素，研究对象涉及工业用地、农用地和城市住房用地等，研究地区包括中国、巴西、美国、英国等。

在工业地价的研究中，有学者基于中国工业用地价格的空间分布特征，探析了工业用地价格变动与产业扩散规模之间的相关性[80]；关于农地价格，研究探索了巴西农地价格的决定因素，验证了免耕制度（no-tillage）作为一种土壤管理制度对农地价格的积极影响[81]；针对美国伊利诺伊州农地价格决定因素的变化研究则发现在经历通货膨胀调整后的 2000 年至 2010 年，城市影响的相对重要性下降，而农业生产力的相对重要性增加[82]；在住房用地价格方面，研究者分析了英国伦敦住房用地价格与土地价值捕获（land value capture）之间的变动关系，同时考察了城市规划政策与房产开发商出资的作用[83]；亦有研究针对美国俄勒冈州生态修复项目对附近住宅售价的影响进行了评估[84]。

2. 土地市场

国际学者针对土地市场的研究主要包括市场参与主体研究、土地的开发和

规划及其对不同用地类型的影响，研究对象涵盖农村土地租赁市场以及城市建设用地，尤其是城市住宅用地。

在市场参与主体研究中，学者以中国、坦桑尼亚的农村土地租赁市场为研究对象，探究了土地租赁市场对家庭收入[85]、青年农民的农业机会的影响[86]；也有研究探究了不同区域层次的商业集群、土地价值和房地产开发之间的相互关系，剖析了社区商业集群与不同区域层次的用户之间的共享、交互、竞争或互补关系[87]。

在土地的开发与规划研究中，住宅用地是主要的研究对象。如以迪拜为研究区域，认为迪拜只有23%的住房单元，相当于迪拜住房总建筑面积的7%是迪拜的中产阶级能够负担的，因此在空间和住房负担面临较大的挑战[89]；如何调整现行的土地供应政策从而实现住房用地的有效供应则是学者研究中国大陆地区住房市场的主要视角之一[90]。此外，也有研究从更加综合的角度探讨了土地市场的用地结构特征[91]以及对城市扩张形态的影响[92]。

（二）土地资源经济研究

1. 土地资源价值

2018年国际研究在土地资源价值领域重点关注了价值估算方法的创新和应用，以及政府在土地价值维护中的作用。

一方面，政府需要更强的技术手段掌握全面的土地价值信息，利用模糊逻辑分析方法，从土耳其的地理数据基础设施(GDI)获取土地信息，对影响土地及其价值的因素进行分组评价[93]；另一方面，考虑更全面的价值影响因素，如草地生态系统中生态恢复和保护的重大成本[94]、林地所有者在处理价格不确定性时的不同风险偏好[95]、城市扩张和畜牧业生产对耕地价值的影响[96]等，有助于推动政府重新审视在土地生态环境管理中的不足之处。

2. 土地可持续利用

土地可持续利用研究方面，无论是衡量土地利用变化的空间数据模型的开发、可持续农业的实践，还是城市土地利用规划的可持续性，学者都展开了一定的探讨。

利用空间数据对美国大陆的土地供应弹性进行了空间显式估计，结合对消除全球不可持续灌溉的土地利用效应的分析，合理地重现了在整个大陆不同地理聚集水平上观察到的土地利用变化，发现非洲大陆南部的生态区面临着更大的转换土地的压力，这些生态区在最近经历了最迅速的农田扩张[97]。针对非洲可持续农业的实践，检验了土地使用权对可持续农业的影响，以及可持续农业与粮食安全状况之间的关系[98]。从非洲农民决策的社会和经济驱动力重新思考了可持续土地管理规划[99]。在城市土地利用的可持续性研究中，通过对加纳延迪市主要土地利用规划关系的研究，探讨了市政领导机构在多大程度上限制或支持可持续的城市土地利用规划[100]；从土地利用和公共交通的角度出发，提出了一种基于代理的可持续城市规划建模方法[101]。

3. 土地利用相关问题

国际学者对土地利用相关问题展开了广泛的研究，主要包括土地利用现状、土地利用效率和土地利用方式三个方面。

土地利用现状研究方面，学者从宏观尺度对全球耕地利用的状况进行了分析[102, 103]；聚焦中国，探讨了城市用地扩张[104]、农村土地扩张[105]、郊区工业用地开发[106]、土地征收[107]带来的影响；土地利用与时空人口[108, 109]、癌症发病率[110]的关系也得到探讨；国际土地交易问题是近年来的热点问题，研究探讨了非洲大规模土地投资的决定因素[111]、农业现代化过程[112]、酋长发挥的作用[113]、投资国与目标国的体制差距对跨国土地交易的影响[114]、土地与森林资源投资的对比[115]、生物质的国际贸易蕴含的虚拟土地[116]等。

土地利用效率研究方面，研究主要关注土地生产力的提高，如土地所有权对埃塞俄比亚的改良玉米技术的影响[117]、瑞典哥德堡土地保有制度与保持农业活力的关系[118]、印度农场规模与生产率反向关系的变化[119]等。也有研究基于生态系统服务评价视角探讨了土地利用的优化[120]。

土地利用方式研究方面，研究主要从实践层面开展，成果涵盖农村土地利用与规划管制决策的关系[121]、城市工业用地结构调整的实践探究[122, 123]、退耕还林的实践探究[124, 125]，以及土地节约的实践探究[126, 127]。

（三）土地经济制度与政策研究

1. 土地产权问题

2018 年国际学者对土地产权问题的研究包括土地产权的影响、发展和理论辨析，且主要集中在亚洲、非洲、南美洲等发展中国家。

其中对于中国的土地产权问题研究包括中国退耕还林与森林生态效益补偿机制对土地产权的影响[128]、城中村土地产权与城市可持续发展的关系[129, 130]。

土地产权安全和稳定性的重要性在很多研究中得以体现，如发现在印度尼西亚苏门答腊岛地区，更稳定的土地产权有助于提高土地投入和生产率，从而缓解农地向林地扩张[131];印证了印度东部地区土地产权的稳定性对于农业技术投入的积极作用[132]。同时,研究发现土地产权的不稳定对土地质量改善[133]、土地权益维护具有负面影响[134]。同时,土地产权的复杂性也导致巴西贫民地区内外的家庭、住房、城市特征呈现多元特征[135]。

对土地产权的理论探讨从未停止,如在朝鲜半岛统一问题的研究,从理论上揭示了土地治理框架中不同的土地产权体系的意义[136];探讨了更清楚地认识私有财产所有权和具体财产所有权之间的差别,及其主要的理论和实际意义[137]。

2. 土地制度问题

与国内研究类似,国际学者对土地制度问题的研究也可以分为土地制度分析和评估两个方面,同时研究区集中在亚洲、非洲等欠发达地区。

土地制度分析方面,对中国土地制度的分析是主要的研究内容之一,包括城乡二元土地产权制度对村镇工业用地效率的影响[138]、土地财政对中国土地开发强度的影响[139],以及对农村宅基地的资产化路径的审视和探索[140]。此外,研究认为从产出角度来说,柬埔寨非正式产权和低效、不公平的土地分配有关,但这是其他潜在的因素而非土地市场缺陷引起的[141]。

土地制度评估方面,一是主要考虑社会经济因素,如对土地财政、分配和执行问题的评估[142],以及现行土地使用制度与土地产权不稳定、农场的细碎化和小规模、政治腐败、农户向城市贫民的位移、不公平的土地征收之间的直接联系[143];二是着重考虑生态环境因素,如中国农村土地的三权分置制度对草地退化[144]和有机肥料使用[145]的多重影响。

3. 土地政策问题

不同于土地制度问题,土地政策问题研究更多地在发达国家或地区中得到探讨,国际学者对土地政策问题的研究同样可以从对土地政策的分析和评估两个方面来概括。

土地政策分析方面,学者对中国土地政策的研究主要包括经济发展转型阶段土地使用政策的策略性调整[146];中国土地政策和土地使用变化的动态机制[147],以及林地确权政策和退耕还林政策中的农户参与[148, 149]。其他地区的研究,分析了法兰西岛郊区和农村社区的零售分散化和土地使用管制政策的联系[150];揭示了新加坡政府土地销售计划和开发商为无障碍设施付费的意愿之间的联系[151];探讨了秘鲁亚马孙地区促进油棕榈树产业的发展政策对土地权利分配和土地使用情景的影响[152]。

土地政策评估方面，研究主要关注政策制定和执行的有效性以及特定因素对政策的影响两个方面。政策的有效性包括政策对生态环境保护的有效性[153，154]；对政策构成影响的因素分析包括土地管理政策实施成本效益[155]、经济衰退与制度变迁[156]，以及国际自由贸易协定[157]。

三、土地经济学研究展望及学科发展建议

（一）土地经济学研究展望

根据我国土地经济学的研究现状，结合土地政策和制度安排的新动向，主要从土地资产经济研究、土地资源经济研究、土地经济制度与政策研究三个方面对未来一定时期内土地经济学研究的方向和重点进行展望。

土地资产经济研究方面，随着居住用地多主体供应的提出，更多研究将着眼于住房用地价格和市场的变化和规律；构建城乡统一的建设用地市场离不开对农村集体土地市场的进一步探索，因此跟踪利用集体建设用地建设租赁住房试点工作的开展并总结其中的成效和经验是未来一段时间内的研究方向之一；此外，土地二级市场试点工作已完成验收工作，有必要对试点过程中存量土地资源配置效率等问题进行分析和评估，从而为破解政策难题提供理论支撑。

土地资源经济研究方面，自然资源部的组建引领着我国从相对单一的土地政策逐步向综合性的自然资源政策过渡和拓展。在此背景下，第三次全国国土调查的全面启动就离不开对包括土地在内的林地、湿地、水、草地资源的调查和衔接，研究将加强对各类自然资源整体性的调查监测和评价。山水林田湖草生命共同体的建设要求以及国土空间综合整治工作的推进进一步凸显了国土空间整体保护、生态修复与综合治理研究的必要性。

土地经济制度与政策研究方面，农村土地制度改革、国土空间规划体系、乡村振兴的土地制度供给是主要的研究方向。关于农村土地制度改革，研究对于土地流转、宅基地退出、集体经营性建设用地入市等问题将从产权理论、绩效评估、结构变迁等多角度进行探析。国土空间规划体系建设是现阶段自然资源管理改革与发展的重点领域，迫切需要对国土空间规划编制政策、技术框架和体系的研究。乡村振兴的土地制度供给要求加强对设施农用地政策、山水林田湖草系统治理、土地承包经营制度的研究。

(二)土地经济学学科发展建议

土地经济学学科的发展和演进是顺应土地问题不断分化的过程,对土地经济理论与实践的持续研究则是土地科学创新与发展的源泉。未来一段时期内,应从以下三方面促进土地经济学科的进一步发展。

一是不断深化和创新土地经济学科的中国理论研究。一方面,我国土地经济研究一直以来是围绕着国家社会经济发展的政策需求而开展的,在探索土地领域供给侧结构性改革、农村土地制度改革、城乡土地市场建设、耕地保护战略等需求的推动下,形成了有广度、有深度、多角度的研究成果,有效应用于国家政策的实施中。另一方面,由于缺少对现有成果的总结和梳理,因此尚未对现有基础理论形成较多的创新和突破。随着国家社会经济的转型发展,我国土地经济研究需要在着眼于服务国家战略性或策略性需求的同时注重提炼和总结研究蕴含的理论创新,保持实践与理论的同步发展才能不断激活土地经济学科的生命力。

二是不断拓宽和增进土地经济学科的国际视野。随着我国进一步深化在国际事务中的参与以及国际话语权的日益提升,中国学者在国际土地经济学期刊中的发文量不断增加,这也体现了我国土地经济研究者向国际化方向迈进的趋势。从研究内容来看,中国学者更多地聚焦本国土地经济实践的进展和成果,这有助于将我国的研究成果和发现准确、有效地向国际社会传达,但同时缺少对国际讨论中的中国问题的有效回应,而往往这类问题是颇具争议且具有较高国际关注度的领域,因此需要进一步提高我国研究者在国际事务中关于中国问题的话语权,以更好地回应国际对中国问题的关注,积极树立我国的国际形象和影响力。

三是不断加强和改善土地经济学科的发展环境。无论是学科成果的培育与应用,还是研究问题的创新和突破,都离不开良好学科氛围的滋养和支撑。建议推进政府、高校、企业的合力共建,强化科技与经济、成果与产业的对接,形成研究成果转化应用的有效机制;对高端人才的引进制度进行创新,改变唯论文数量的人才评估体系,注重研究的创新性和国际影响力,有效激活人才资本的创造力;加强重大研究计划或项目中全球性、跨区域型的土地经济研究,完善学科知识和人才的交流机制。

参考文献：

[1] 王华，罗平，张杰. 引入深度学习的城市基准地价评估模型研究[J]. 中国土地科学，2018,32(09):59－65.

[2] 夏炜祁，李欢，张安录，等. 农用地生态价值与农用地基准地价确定——以武汉市为例[J]. 土地经济研究，2018(01):9－19.

[3] 谢向向，汪晗，才振，等. 基于农用地发展权的城乡建设用地价格衔接机制研究[J]. 土地经济研究，2018(01):95－109.

[4] 朱文珏，罗必良. 农地价格幻觉：由价值评价差异引发的农地流转市场配置"失灵"——基于全国9省(区)农户的微观数据[J]. 中国农村观察，2018(05):67－81.

[5] 杜挺，朱道林. 中国土地流转价格时空演化与宏观机制研究[J]. 资源科学，2018,40(11):2202－2212.

[6] 唐云锋，吴琦琦. 土地财政制度对房地产价格的影响因素研究[J]. 经济理论与经济管理，2018(03):43－56.

[7] 文兰娇，汪晗，张安录. 从垄断到寡头：集体建设用地交易中政府和集体经济组织的收益分配关系研究[J]. 中国人口·资源与环境，2018,28(03):53－59.

[8] 张婷，张安录，邓松林. 农村集体建设用地市场效率测度及其影响因素研究——基于广东省南海区372份数据的供给侧实证分析[J]. 中国人口·资源与环境，2018,28(12):115－123.

[9] 姚睿，吴克宁，罗明，等. 城乡统筹视角下的集体建设用地市场发育测度及影响因素研究——以30个入市改革试点为例[J]. 中国土地科学，2018,32(10):14－20.

[10] 郑凯文，刘卫东，张恒义. 经济发达地区农村建设用地供求平衡演变特征——以宁波市为例[J]. 经济地理，2018,38(07):136－142.

[11] 柴铎，林梦柔，范华. 集体土地建租赁住房的利益影响机理与多中心治理机制[J]. 经济地理，2018,38(08):152－161.

[12] 余亮亮，蔡银莺. 土地供给结构、财政压力与房价——来自广东省的经验分析[J]. 中国土地科学，2018,32(08):30－36.

[13] 牟燕，钱忠好. 地方政府土地财政依赖一定会推高城市一级土地市场化水平吗？——基于2003—2015年中国省级面板数据的检验[J]. 中国土地科

学，2018,32(10):8-13.

[14] 刘永健，耿弘，孙文华，等. 价格扭曲与边际产出孰轻孰重？——建设用地资源错配的来源分解[J]. 中国土地科学，2018,32(11):44-49.

[15] 唐静，陈志刚，王君櫹. 公共用地配给对城市经济产出的影响研究[J]. 土地经济研究，2018(01):110-123.

[16] 张琳，黎小明，刘冰洁，等. 土地要素市场化配置能否促进工业结构优化？——基于微观土地交易数据的分析[J]. 中国土地科学，2018,32(06):23-31.

[17] 王雪峰. 垄断、信息不对称及土地拍卖定价偏好的差异——以南昌市为例[J]. 中国土地科学，2018,32(09):43-50.

[18] 薛明皋，邢路，王晓艳. 中国土地生态系统服务当量因子空间修正及价值评估[J]. 中国土地科学，2018,32(09):81-88.

[19] 戴文远，江方奇，黄万里，等. 基于"三生空间"的土地利用功能转型及生态服务价值研究——以福州新区为例[J]. 自然资源学报，2018,33(12):2098-2109.

[20] 陈端吕，陈哲夫，彭保发. 土地利用生态服务价值与经济发展的协调及空间分异——以西洞庭湖区为例[J]. 地理研究，2018,37(09):1692-1703.

[21] 冯雨豪，王瑾，毕如田，等. 基于双栏模型亳清河区域休闲农地存在价值评估[J]. 中国土地科学，2018,32(10):51-58.

[22] 方恺，吴次芳，董亮. 城市化进程中的土地自然资本利用动态分析[J]. 自然资源学报，2018,33(01):1-13.

[23] 黄贤金. 论土地生态经济学与国土空间用途管制——兼论王万茂教授《土地生态经济学》的学科贡献[J]. 中国土地科学，2018,32(02):1-5.

[24] 欧维新，张伦嘉，陶宇，等. 基于土地利用变化的长三角生态系统健康时空动态研究[J]. 中国人口·资源与环境，2018,28(05):84-92.

[25] 樊鹏飞，冯淑怡，苏敏，等. 基于非期望产出的不同职能城市土地利用效率分异及驱动因素探究[J]. 资源科学，2018,40(05):946-957.

[26] 龙开胜，李敏. 长三角城市土地稀缺与土地利用效率的交互影响[J]. 中国土地科学，2018,32(09):74-80.

[27] 杨奎，文琦，钟太洋. 长江经济带城市土地利用效率评价[J]. 资源科学，2018,40(10):2048-2059.

[28] 崔学刚，方创琳，张蔷. 山东半岛城市群高速交通优势度与土地利用效率的空间关系[J]. 地理学报，2018,73(06):1149－1161.

[29] 严思齐，彭建超，吴群. 中国工业用地利用效率收敛特征[J]. 资源科学，2018,40(06):1163－1174.

[30] 朱孟珏，庄大昌，李涛. 基于环境约束的中国矿业城市工业用地效率评价[J]. 中国土地科学，2018,32(10):59－66.

[31] 方莹，王静，孔雪松，等. 耕地利用多功能权衡关系测度与分区优化——以河南省为例[J]. 中国土地科学，2018,32(11):57－64.

[32] 陈妮，鲁莎莎，秦凡，等. 集体林区林地经营效率的影响因素研究——基于地块尺度的微观调查数据[J]. 中国土地科学，2018,32(12):74－81.

[33] 万娟娟，陈璇. 土地发展权视域下中国城市土地集约利用效率空间格局及溢出效应[J]. 经济地理，2018,38(06):160－167.

[34] 张红凤，曲衍波. 我国城镇化发展与土地集约利用的时空耦合及调控格局[J]. 经济理论与经济管理，2018(10):44－54.

[35] 熊鹰，陈云，李静芝，等. 基于土地集约利用的长株潭城市群建设用地供需仿真模拟[J]. 地理学报，2018,73(03):562－577.

[36] 吴菊，袁源，王亚华，等. 多尺度视角下高校教育用地集约利用评价研究——以山东省为例[J]. 中国土地科学，2018,32(10):67－74.

[37] 肖国峰，朱秀芳，侯陈瑶，等. 撂荒耕地的提取与分析——以山东省庆云县和无棣县为例[J]. 地理学报，2018,73(09):1658－1673.

[38] 宋世雄，梁小英，陈海，等. 基于多智能体和土地转换模型的耕地撂荒模拟研究——以陕西省米脂县为例[J]. 自然资源学报，2018,33(03):515－525.

[39] 王丹，方斌，陈正富. 基于外部性理论的单中心城市土地经济效益测度与低效用地诊断研究——以扬州市区为例[J]. 中国土地科学，2018,32(06):61－67.

[40] 曲艺，龙花楼. 中国耕地利用隐性形态转型的多学科综合研究框架[J]. 地理学报，2018,73(07):1226－1241.

[41] 刘樱，周春山，黄婉玲，等. 大都市区农村土地非农化空间特征及机理——以广州市为例[J]. 地理科学进展，2018,37(08):1119－1130.

[42] 孙侦，贾绍凤，吕爱锋. 中国海外耕地投资状况研究[J]. 资源科学，2018,40(08):1495－1504.

[43] 韩璟，杨蕤，柯楠，等. 中美对非洲海外耕地投资东道国的选择差异与影响因素分析[J]. 中国土地科学，2018,32(08):37-43.

[44] 万凯，卢新海. 中国海外耕地投资东道国选择的影响因素研究——基于贸易引力模型和随机效用模型的实证[J]. 中国土地科学，2018,32(06):75-81.

[45] 闫梦露，钟太洋. 外来职业农民和本地农户种植多样性差异及影响因素研究[J]. 资源科学，2018,40(09):1752-1761.

[46] 任立，甘臣林，吴萌，等. 城市近郊区农户农地感知价值对其投入行为影响研究——以武汉、鄂州两地典型样本调查为例[J]. 中国土地科学，2018,32(01):42-50.

[47] 谭永忠，练款，俞振宁. 重金属污染耕地治理式休耕农户满意度及其影响因素研究[J]. 中国土地科学，2018,32(10):43-50.

[48] 王雨濛，张效榕，张清勇. 社会关系网络能促进新型农业经营主体流转土地吗？——基于河北、安徽和山东三省的调查[J]. 中国土地科学，2018,32(01):51-57.

[49] 林善浪，叶炜，梁琳. 家庭生命周期对农户农地流转意愿的影响研究——基于福建省 1570 份调查问卷的实证分析[J]. 中国土地科学，2018,32(03):68-73.

[50] 贾蕊，陆迁. 土地流转促进黄土高原区农户水土保持措施的实施吗？——基于集体行动中介作用与政府补贴调节效应的分析[J]. 中国农村经济，2018(06):38-54.

[51] 王梅，汪文雄. 农地整治权属调整中农户认知与行为的一致性研究[J]. 资源科学，2018,40(01):53-63.

[52] 杨卫忠. 风险感知、风险态度对农村土地经营权流转的影响研究——以浙江省嘉兴市农村土地经营权流转为例[J]. 中国土地科学，2018,32(09):35-42.

[53] 王珊，洪名勇，吴昭洋，等. 不同农地经营权流转方式的空间依赖性分析[J]. 中国土地科学，2018,32(08):44-51.

[54] 冯淑怡，赖映圻，张兰. 农地产权稳定性制度安排差异——基于能动的实用主义理论的新解释[J]. 中国土地科学，2018,32(09):1-7.

[55] 景明. 年终盘点:2018 年土地领域的大事件[J]. 中国土地，2018(12):

9 - 13.

[56] 朱要龙. 土地制度安排与半城镇化问题研究:分野、论争及引申[J]. 中国人口·资源与环境, 2018,28(11):29 - 36.

[57] 刘守英. 土地制度变革与经济结构转型——对中国 40 年发展经验的一个经济解释[J]. 中国土地科学, 2018,32(01):1 - 10.

[58] 朱道林, 李瑶瑶. 农村土地制度改革的经济学考察[J]. 中国土地科学, 2018,32(03):1 - 5.

[59] 丰雷. 新制度经济学视角下的中国农地制度变迁:回顾与展望[J]. 中国土地科学, 2018,32(04):8 - 15.

[60] 毕国华, 杨庆媛, 张晶渝, 等. 改革开放 40 年:中国农村土地制度改革变迁与未来重点方向思考[J]. 中国土地科学, 2018,32(10):1 - 7.

[61] 杨一介. 论"三权分置"背景下的家庭承包经营制度[J]. 中国农村观察, 2018(05):82 - 95.

[62] 徐玉婷, 郭淑红, 赵飞燕. 耕地轮作休耕对农业土地利用变化的影响研究综述[J]. 土地经济研究, 2018(01):20 - 31.

[63] 余亮亮, 蔡银莺. 国土空间规划管制、地方政府竞争与区域经济发展——来自湖北省县(市、区)域的经验研究[J]. 中国土地科学, 2018,32(05):54 - 61.

[64] 杨庆媛, 曾黎, 廖俊儒, 等. 休耕制度试点阶段经济补偿的绩效评估——以云南省样本户为例[J]. 经济地理, 2018,38(12):143 - 152.

[65] 曲承乐, 任大鹏. 论集体经营性建设用地入市对农村发展的影响[J]. 中国土地科学, 2018,32(07):36 - 41.

[66] 谭荣. 集体建设用地市场化进程:现实选择与理论思考[J]. 中国土地科学, 2018,32(08):1 - 8.

[67] 漆信贤, 张志宏, 黄贤金. 面向新时代的耕地保护矛盾与创新应对[J]. 中国土地科学, 2018,32(08):9 - 15.

[68] 王亚辉, 李秀彬, 辛良杰, 等. 中国土地流转的区域差异及其影响因素——基于 2003—2013 年农村固定观察点数据[J]. 地理学报, 2018,73(03):487 - 502.

[69] 王佳月, 李秀彬, 辛良杰. 中国土地流转的时空演变特征及影响因素研究[J]. 自然资源学报, 2018,33(12):2067 - 2083.

[70] 王雪琪，邹伟，朱高立，等. 地方政府主导农地流转对农户转入规模与粮食单产的影响——以江苏省五地市为例[J]. 资源科学，2018,40(02):326－334.

[71] 吴爱娣，夏显力，翟黎明，等. 关中—天水经济区政府主导型农地流转对转出户非农就业的影响——基于DID模型的实证分析[J]. 中国土地科学，2018,32(02):12－18.

[72] 曹美娜，张宜升，徐鹏，等. 土地流转政策对农村生物质燃烧排放的影响研究——以广东省江门市为例[J]. 生态经济，2018,34(05):38－43.

[73] 张绍阳，刘琼，欧名豪. 财政竞争、引资竞争与土地约束性指标管控政策执行偏差[J]. 中国人口·资源与环境，2018,28(05):123－131.

[74] 汪晓帆，郝亮，秦海波，等. 政策工具视角下中国耕地生态管护政策文本量化研究[J]. 中国土地科学，2018,32(12):15－23.

[75] 胡新艳，陈小知，米运生. 农地整合确权政策对农业规模经营发展的影响评估——来自准自然实验的证据[J]. 中国农村经济，2018(12):83－102.

[76] 韩家彬，张书凤，刘淑云，等. 土地确权、土地投资与农户土地规模经营——基于不完全契约视角的研究[J]. 资源科学，2018,40(10):2015－2028.

[77] 应瑞瑶，何在中，周南，等. 农地确权、产权状态与农业长期投资——基于新一轮确权改革的再检验[J]. 中国农村观察，2018(03):110－127.

[78] 韩啸，张安录. 城乡建设用地增减挂钩政策实施农户满意度及其影响因素研究——以湖北省武汉市、襄阳市两地增减挂钩政策实施示范区为例[J]. 土地经济研究，2018,(01):45－61.

[79] 周小平，李小天，黄烈佳，等. 耕地保护补偿资金分配认知及其影响因素探究——基于全国563份地方国土管理人员调查问卷的实证分析[J]. 中国土地科学，2018,32(02):6－11.

[80] CHEN W, SHEN Y, WANG Y N, et al. How do industrial land price variations affect industrial diffusion? Evidence from a spatial analysis of China[J]. Land Use Policy, 2018,71:384－394.

[81] TELLES T S, REYDON B P, MAIA A G. Effects of no-tillage on agricultural land values in Brazil[J]. Land Use Policy, 2018,76:124－129.

[82] HANSON E D, SHERRICK B J, KUETHE T H. The changing roles of

urban influence and agricultural productivity in farmland price determination[J]. Land Economics, 2018,94(2):199 - 205.
[83] MCALLISTER P, SHEPHERD E, WYATT P. Policy shifts, developer contributions and land value capture in London 2005 - 2017[J]. Land Use Policy, 2018,78:316 - 326.
[84] JARRAD M, NETUSIL N R, MOELTNER K, et al. Urban stream restoration projects: Do project phase, distance, and type affect nearby property sale prices? [J]. Land Economics, 2018,94(3):368 - 385.
[85] ZHANG L, FENG S Y, HEERINK N, et al. How do land rental markets affect household income? Evidence from rural Jiangsu, PR China[J]. Land Use Policy, 2018,74:151 - 165.
[86] RICKER-GILBERT J, CHAMBERLIN J. Transaction costs, land rental markets, and their impact on youth access to agriculture in Tanzania[J]. Land Economics, 2018,94(4):541 - 555.
[87] YOON H. Interrelationships between retail clusters in different hierarchies, land value and property development: A panel VAR approach[J]. Land Use Policy, 2018,78:245 - 257.
[88] 叶剑平，丰雷，蒋妍，等. 2008 年中国农村土地使用权调查研究——17 省份调查结果及政策建议[J]. 管理世界，2010,196(1):64 - 73.
[89] ALAWADI K, KHANAL A, ALMULLA A. Land, urban form, and politics: A study on Dubai's housing landscape and rental affordability [J]. Cities, 2018,81:115 - 130.
[90] WANG W, WU Y Z, SLOAN M. A framework & dynamic model for reform of residential land supply policy in urban China[J]. Habitat International, 2018,82:28 - 37.
[91] LEVKOVICH O, ROUWENDAL J, BRUGMAN L. spatial planning and segmentation of the land market: The case of the Netherlands[J]. Land Economics, 2018,94(1):137 - 154.
[92] XIONG C S, TAN R. Will the land supply structure affect the urban expansion form? [J]. Habitat International, 2018,75:25 - 37.
[93] BOVKIR R, AYDINOGLU A C. Providing land value information from

geographic data infrastructure by using fuzzy logic analysis approach[J]. Land Use Policy, 2018,78:46－60.

[94] ZHENG X Y, ZHANG J Z, CAO S X. Net value of grassland ecosystem services in mainland China[J]. Land Use Policy, 2018,79:94－101.

[95] ZHANG F, CHANG S J. Measuring the impact of risk preference on land valuation: Evidence from forest management[J]. Land Economics, 2018, 94(3):425－436.

[96] LEHN F, BAHRS E. Analysis of factors influencing standard farmland values with regard to stronger interventions in the German farmland market[J]. Land Use Policy, 2018,73:138－146.

[97] VILLORIA N B, LIU J, Using spatially explicit data to improve our understanding of land supply responses: An application to the cropland effects of global sustainable irrigation in the Americas[J]. Land Use Policy, 2018,75:411－419.

[98] NKOMOKI W, BAVOROVÁ M, BANOUT J. Adoption of sustainable agricultural practices and food security threats: Effects of land tenure in Zambia[J]. Land use policy, 2018,78:532－538.

[99] EMERTON L, SNYDER K A. Rethinking sustainable land management planning: Understanding the social and economic drivers of farmer decision-making in Africa[J]. Land Use Policy, 2018,79:684－694.

[100] SIIBA A, ADAMS E A, COBBINAH P B. Chieftaincy and sustainable urban land use planning in Yendi, Ghana: Towards congruence[J]. Cities, 2018,73:96－105.

[101] MOTIEYAN H, MESGARI M S. An Agent-Based Modeling approach for sustainable urban planning from land use and public transit perspectives[J]. Cities, 2018,81:91－100.

[102] HAN M Y, CHEN G Q. Global arable land transfers embodied in Mainland China's foreign trade[J]. Land Use Policy, 2018,70:521－534.

[103] WU X D, GUO J L, HAN M Y, et al. An overview of arable land use for the world economy: From source to sink via the global supply chain [J]. Land Use Policy, 2018,76:201－214.

[104] LUO J J, ZHANG X L, WU Y Z, et al. Urban land expansion and the floating population in China: For production or for living? [J]. Cities, 2018,74:219 - 228.

[105] YU Z N, WU C F, TAN Y Z, et al. The dilemma of land expansion and governance in rural China: A comparative study based on three townships in Zhejiang Province [J]. Land Use Policy, 2018, 71: 602 - 611.

[106] ZHANG L L, YUE W Z, LIU Y, et al. Suburban industrial land development in transitional China: Spatial restructuring and determinants[J]. Cities, 2018,78:96 - 107.

[107] LIN Q W, TAN S K, ZHANG L, et al. Conflicts of land expropriation in China during 2006 - 2016: An overview and its spatio-temporal characteristics[J]. Land Use Policy, 2018,76:246 - 251.

[108] CHI G Q, HO H C. Population stress: A spatiotemporal analysis of population change and land development at the county level in the contiguous United States, 2001—2011 [J]. Land Use Policy, 2018, 70: 128 - 137.

[109] GARCÍA-PALOMARES J C, SALAS-OLMEDO M H, MOYA-GÓMEZ B, et al. City dynamics through Twitter: Relationships between land use and spatiotemporal demographics[J]. Cities, 2018,72: 310 - 319.

[110] OUYANG W, LI J W, TIAN L, et al. Examining the impacts of land use on cancer incidence through structural equation modeling: A case of the Pan-Yangtze River Delta, China[J]. Cities, 2018,83:11 - 23.

[111] KAREEM O I. The determinants of large-scale land investments in Africa[J]. Land Use Policy, 2018,75:180 - 190.

[112] KANSANGA M, ANDERSEN P, ATUOYE K, et al. Contested commons: Agricultural modernization, tenure ambiguities and intra-familial land grabbing in Ghana[J]. Land Use Policy, 2018,75:215 - 224.

[113] AHMED A, KUUSAANA E D, GASPARATOS A. The role of chiefs in large-scale land acquisitions for jatropha production in Ghana:

insights from agrarian political economy[J]. Land Use Policy, 2018,75: 570 - 582.

[114] RAIMONDI V, SCOPPOLA M. Foreign Land Acquisitions and institutional distance[J]. Land Economics, 2018,94(4):517 - 540.

[115] CONIGLIANI C, CUFFARO N, D' AGOSTINO G. Large-scale land investments and forests in Africa[J]. Land Use Policy, 2018, 75: 651 - 660.

[116] INFANTE-AMATE J, AGUILERA E, PALMERI F, et al. Land embodied in Spain's biomass trade and consumption (1900—2008): Historical changes, drivers and impacts[J]. Land Use Policy, 2018, 78: 493 - 502.

[117] ZENG D, ALWANG J, NORTON G, et al. Land ownership and technology adoption revisited: Improved maize varieties in Ethiopia[J]. Land Use Policy, 2018,72:270 - 279.

[118] WÄSTFELT A, ZHANG Q. Keeping agriculture alive next to the city - The functions of the land tenure regime nearby Gothenburg, Sweden[J]. Land use policy, 2018,78:447 - 459.

[119] DEININGER K, JIN S Q, LIU Y Y, et al. Can labor-market imperfections explain changes in the inverse farm size - productivity relationship? longitudinal evidence from rural India [J]. Land Economics, 2018,94(2):239 - 258.

[120] WU X T, WANG S, FU B J, et al. Land use optimization based on ecosystem service assessment: A case study in the Yanhe watershed[J]. Land Use Policy, 2018,72:303 - 312.

[121] YU K, HUI E C. Colonial history, indigenous villagers' rights, and rural land use: An empirical study of planning control decisions on small house applications in Hong Kong[J]. Land Use Policy, 2018,72: 341 - 353.

[122] LI Y, CHEN X G, TANG B S, et al. From project to policy: Adaptive reuse and urban industrial land restructuring in Guangzhou City, China [J]. Cities, 2018,82:68 - 76.

[123] GAO J L, CHEN W, LIU Y S. Spatial restructuring and the logic of industrial land redevelopment in urban China: Ⅱ. A case study of the redevelopment of a local state-owned enterprise in Nanjing[J]. Land Use Policy, 2018,72:372－380.

[124] ZHANG Q, SONG C H, CHEN X D. Effects of China's payment for ecosystem services programs on cropland abandonment: A case study in Tiantangzhai Township, Anhui, China[J]. Land Use Policy, 2018,73:239－248.

[125] MONGER R G, SUTER J F, MANNING D T, et al. Retiring land to save water: Participation in Colorado's Republican river conservation reserve enhancement program[J]. Land Economics, 2018,94(1):36－51.

[126] PAZOS-ALMADA B, BRAY D B. Community-based land sparing: Territorial land-use zoning and forest management in the Sierra Norte of Oaxaca, Mexico[J]. Land Use Policy, 2018,78:219－226.

[127] FONTES F, PALMER C. "Land Sparing" in a von thünen framework: Theory and evidence from Brazil[J]. Land Economics, 2018,94(4):556－576.

[128] LIU Z Y, GONG Y Z, KONTOLEON A. How do payments for environmental services affect land tenure? Theory and evidence from China[J]. Ecological Economics, 2018,144:195－213.

[129] TONG D, WANG X G, WU L J, et al. Land ownership and the likelihood of land development at the urban fringe: The case of Shenzhen, China[J]. Habitat International, 2018,73:43－52.

[130] SHI L D, LAMB Z, QIU X C, et al. Promises and perils of collective land tenure in promoting urban resilience: Learning from China's urban villages[J]. Habitat International, 2018,77:1－11.

[131] KUBITZA C, KRISHNA V V, URBAN K, et al. Land property rights, agricultural intensification, and deforestation in Indonesia[J]. Ecological Economics, 2018,147:312－321.

[132] PALTASINGH K R. Land tenure security and adoption of modern rice technology in Odisha, Eastern India: Revisiting Besley's hypothesis[J].

Land Use Policy, 2018,78:236 - 244.

[133] DILLON B, VOENA A. Widows' land rights and agricultural investment[J]. Journal of Development Economics, 2018,135:449 - 460.

[134] TURA H A. Land rights and land grabbing in Oromia, Ethiopia[J]. Land Use Policy, 2018,70:247 - 255.

[135] FERREIRA F P M, ÁVILA P C. Who has secure land tenure in the urban areas of Brazil? Evidence from the state of Minas Gerais[J]. Land Use Policy, 2018,75:494 - 504.

[136] LEE C, DE VRIES W T. A divided nation: Rethinking and rescaling land tenure in the Korean (re-) unification[J]. Land Use Policy, 2018, 75:127 - 136.

[137] MORONI S. Property as a human right and property as a special title. Rediscussing private ownership of land[J]. Land Use Policy, 2018,70: 273 - 280.

[138] YE L F, HUANG X J, YANG H, et al. Effects of dual land ownerships and different land lease terms on industrial land use efficiency in Wuxi City, East China[J]. Habitat International, 2018,78:21 - 28.

[139] SHU C, XIE H L, JIANG J F, et al. Is Urban Land Development Driven by Economic Development or Fiscal Revenue Stimuli in China? [J]. Land Use Policy, 2018,77:107 - 115.

[140] WU Y Z, MO Z B, PENG Y, et al. Market-driven land nationalization in China: A new system for the capitalization of rural homesteads[J]. Land Use Policy, 2018,70:559 - 569.

[141] FLOWER B C R. Does informal tenure result in land inequality? A critique of tenure formalisation reforms in Cambodia[J]. Land Use Policy, 2018,77:240 - 248.

[142] KALKUHL M, MILAN B F, SCHWERHOFF G, et al. Can land taxes foster sustainable development? An assessment of fiscal, distributional and implementation issues[J]. Land Use Policy, 2018,78:338 - 352.

[143] WUBNEH M. Policies and praxis of land acquisition, use, and development in Ethiopia[J]. Land Use Policy, 2018,73:170 - 183.

[144] LI A, WU J G, ZHANG X Y, et al. China's new rural "separating three property rights" land reform results in grassland degradation: Evidence from Inner Mongolia[J]. Land Use Policy, 2018,71:170 - 182.

[145] XU Y T, HUANG X J, Bao, Helen XH, et al. Rural land rights reform and agro-environmental sustainability: Empirical evidence from China [J]. Land Use Policy, 2018,74:73 - 87.

[146] LIU Y S, LI J Y, YANG Y Y. Strategic adjustment of land use policy under the economic transformation[J]. Land Use Policy, 2018, 74: 5 - 14.

[147] WANG J, LIN Y F, GLENDINNING A, et al. Land-use changes and land policies evolution in China's urbanization processes[J]. Land Use Policy, 2018,75:375 - 387.

[148] YIN R S, LIU H, LIU C, et al. Households' decisions to participate in China's sloping land conversion program and reallocate their labour times: Is there endogeneity bias? [J]. Ecological Economics, 2018,145: 380 - 390.

[149] TIAN N N, POUDYAL N C, LU F D, Understanding landowners' interest and willingness to participate in forest certification program in China[J]. Land Use Policy, 2018,71:271 - 280.

[150] PEIFFER-SMADJA O, TORRE A. Retail decentralization and land use regulation policies in suburban and rural communities: The case of the Île-de-France region[J]. Habitat International, 2018,72:27 - 38.

[151] MURAKAMI J, The Government Land Sales programme and developers' willingness to pay for accessibility in Singapore, 1990 - 2015[J]. Land Use Policy, 2018,75:292 - 302.

[152] BENNETT A, RAVIKUMAR A, CRONKLETON P. The effects of rural development policy on land rights distribution and land use scenarios: The case of oil palm in the Peruvian Amazon[J]. Land Use Policy, 2018,70:84 - 93.

[153] CLAASSEN R, DUQUETTE E N, SMITH D J. Additionality in US agricultural conservation programs[J]. Land Economics, 2018,94(1):19 - 35.

[154] LAM S T, CONWAY T M. Ecosystem services in urban land use planning policies: A case study of Ontario municipalities[J]. Land Use Policy, 2018,77:641-651.

[155] LEGRAS S, MARTIN E, PIGUET V. Conjunctive implementation of land sparing and land sharing for environmental preservation[J]. Ecological Economics, 2018,143:170-187.

[156] WOESTENBURG A K, VAN DER KRABBEN E, SPIT T J M. Land policy discretion in times of economic downturn: How local authorities adapt to a new reality[J]. Land Use Policy, 2018,77:801-810.

[157] THIEL F. Regulatory or expropriatory? On the implications of the Transatlantic Trade and Investment Partnership for the German land policy[J]. Land Use Policy, 2018,77:778-789.

A Literature Review of the Research Progress of Land Economics in 2018

Yuan Yuan, Xianjin Huang

(School of Geography and Ocean Science, Nanjing University, Nanjing 210023, China)

Abstract: In order to present the research progress of land economics in 2018, issues concerning the land price, land market, value of land resource, land use, land ecology, land property right, land system and land policy are reviewed. These are categorized as land asset studies, land resource economic studies and land economic system and policy studies. Then, the research prospects and problems of land economics under the new circumstances are proposed. Finally, suggestions for the development of China's land economics discipline are put forward. Suggestions include to deepen and innovate the theoretical research of land economics, to expand and improve international vision of land economic research and to strengthen the development environment of land economics, so as to promote the healthy development of China's discipline system for land studies.

Key words: land economics; literature review; research prospects; suggestions

图书在版编目(CIP)数据

土地经济研究. 12 / 黄贤金，严金明主编. —南京：南京大学出版社，2019.12

ISBN 978-7-305-10221-9

Ⅰ. ①土… Ⅱ. ①黄… ②严… Ⅲ. ①土地经济学—研究 Ⅳ. ①F301

中国版本图书馆 CIP 数据核字(2019)第 235254 号

出版发行 南京大学出版社
社　　址 南京市汉口路 22 号　　　邮　编 210093
出 版 人 金鑫荣

书　　名 土地经济研究(12)
主　　编 黄贤金　严金明
责任编辑 田　甜　　　编辑热线 025-83593947

照　　排 南京紫藤制版印务中心
印　　刷 南京玉河印刷厂
开　　本 718×1000　1/16　印张 12.75　字数 215 千
版　　次 2019 年 12 月第 1 版　2019 年 12 月第 1 次印刷
ISBN 978-7-305-10221-9
定　　价 45.00 元

网址：http://www.njupco.com
官方微博：http://weibo.com/njupco
官方微信号：njupress
销售咨询热线：(025)83594756